KB061740

야구가
뭐라고

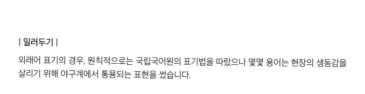

| 일러두기 |

외래어 표기의 경우, 원칙적으로는 국립국어원의 표기법을 따랐으나 몇몇 용어는 현장의 생동감을
살리기 위해 야구계에서 통용되는 표현을 썼습니다.

야구가 뭐라고

김양희 지음

'그깟 공놀이'일 수 없는,
1년 열두 달 즐기는
야구 이야기

한겨레출판

| Part 2 | 100m 달리기 혹은 마라톤

4월 플레이볼, 주사위는 던져졌다

5월 초록 그라운드가 만들어낸 가족

6월 맞으며 사는 사나이들

| Part 3 | **절반은 탈락한다**

20년 묵은 일기장이 있다. 초등학교 때부터 고등학교 때까지를 아우르는 세월의 녹녹함이 배어 있다. 지극히 개인적인 이야기들 속, 일기장 한쪽에는 그날의 프로야구 결과가 촘촘히 적혀 있다. 조잡한 글씨로 '○○○가 홈런을 쳐서 좋다' 혹은 '△△△ 파이팅!' 식의 코멘트도 달려 있다. 제주도 소녀는 만화를 보고 싶어 하는 여동생의 간절한 눈망울을 애써 외면하면서 야구 중계를 시청했고, '크면 꼭 저 야구장에 가볼 거야'라는 꿈을 키웠다. 대학 시절 잠실야구장 외야석에 홀로 앉아서 들이켰던 캔맥주의 맛은 지금도 잊을 수가 없다.

　누군가 물었다. '야구가 왜 좋냐'고. 어린 시절에는 몰입할 수 있는 뭔가가 있다는 게 좋았다. 가슴이 쿵쾅쿵쾅 대는 긴장감이 있어 좋았다. 뒤지고 있더라도 막판에는 역전할 수 있으리라는 희망을 품을 수 있어 좋았다. 9회말 2사까지 시계를 보지 않아도 되는 게 좋았다. 꼴찌 팀도 1등을 이길 수 있다는 게 좋았다. 현실에서는 거의 불가능한 일이었으니까. 그저 온갖 확률 속에서 점수를 내기 위한 선수들의 치열한 몸짓을 바라보며 즐기면 되는 거였다.

머리가 굵어진 뒤 야구 현장을 누비면서는 선수들의 땀이 좋았다. 선수들은 자신의 한계에 도전하면서 수만 번 공을 던지고 수천 번 방망이를 휘두른다. 그런 과정에서 팔은 휘어지고 어깨와 무릎 인대가 너덜너덜해지기도 한다. 건장한 청년처럼 보이지만 겉으로 드러나지 않는 속병을 앓는 선수들이 많다. 명포수로 이름을 날렸던 박경완은 지금도 밤마다 통증에 시달리며 하루 두세 알씩 진통제를 먹는다. 야구는 그렇게 평생 안고 갈 생채기를 남기기도 한다. 자신의 몸과 싸우는 그들의 정신력에 때론 존경심이 생긴다.

곰곰이 생각해보면, 야구처럼 온갖 감정이 뒤엉키는 스포츠도 없다. 중간에 대타로 바뀌지 않는 한 최소 세 차례는 돌아오는 타석에서 타자가 한 번만은 쳐주기를 간절히 바라고, 못 쳤을 때는 '다음번에는 잘할 거야'라는 기대감을 품게 된다. 마지막까지 삼진으로 돌아설 때는 실망감에 '다신 응원 안 할 거야' 다짐하면서도 기어이 다음날에는 또다시 그 선수와 팀을 응원하게 된다. 가까운 지인에게 실망하면 며칠, 몇 달은 가건만 야구 팀만은, 야구 선수만은 왜 그리 쉽게 용서하고 믿는지 도통 알 수가 없다. 그저 '그게 야구야'라고 되뇔 뿐이다.

나의 머릿속 추억 저장소에는 1994년 한국시리즈 1차전에서 김선진(LG)이 연장 11회말 끝내기 홈런을 칠 때 선생님 몰래 이어폰으로 중계를 들으며 야간자율학습을 하던 내가 있고, 1995년 플레이오프 3차전에서 송구홍(LG)이 황당한 실책을 할 때 거리에 서서 붕어빵 가게 안 작은 텔레비전을 뚫어져라 보던 내가 있다. 그리고 2005년 프로야구 개막일에 남편과 비밀 연애를 시작하면서 그를 보려고 일부러 수원 야구장을 찾았던 내가 있다. 나에게 야구는 청춘이고, 그 시대의 추억이다.

누군가 "야구가 왜 좋냐"고 물으면 나는 "그냥 좋다"고 말한다. 그리고 덧붙인다. "'금사빠'는 아니었다. 다만 야구는 내게 스며들었고 어느 순간 삶의 일부분이 됐다"라고. 다시 시작하는 시즌, 누군가는 웃고 누군가는 부활을 다짐할 그 순간들이 기대된다…!

구단 경기 일정 체크 ∨

야구 팬의 흔한 모습

시즌을 앞둔

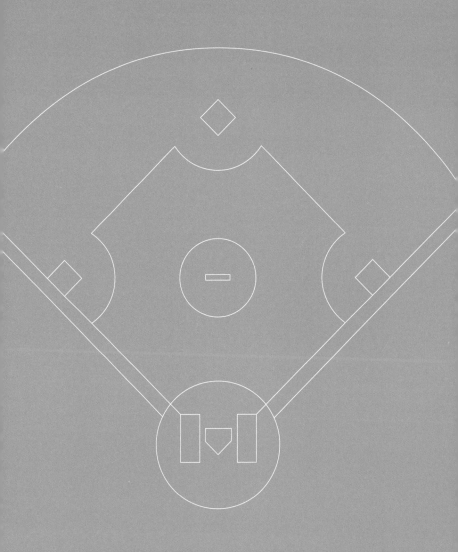

Part 1
전쟁의 서막

1월

이상동몽

출발선은
같다

1월의 야구장은 분주하다. 이곳저곳에 땀 냄새가 배기 시작한다. 가장 북적이는 곳은 실내연습장이다. 운동복에 비니를 눌러쓴 선수들이 부지런히 방망이를 휘두르고 그물망을 향해 공을 던진다. 거울을 보면서 자세를 가다듬는 이들도 있다.

더러는 눈 쌓인 운동장을 뛴다. 두툼한 장갑을 끼고 가쁜 숨을 몰아쉬며 한 바퀴, 두 바퀴… 묵묵히 달린다. 둘씩 짝을 지어 캐치볼을 하는 이들도 있다. 겨울의 한가운데에 있는 1월은, 그렇게 야구가 움트는 달이다.

비활동 기간? 비공식 활동 기간!

1월, 선수 저마다 목표는 있다. 베테랑들은 대개 부상 없는 시즌을, 새내기들은 보통 1군 출전 기회를 원한다. 선발투수는 10승을, 타자는 3할 타율 혹은 20홈런, 30홈런을 바란다. 속구 구속을 올린다거나 변화구 구종을 추가하고자 하는 투수도 있다.

목표를 이루기 위해서는 비시즌 기간 운동을 거를 수 없다. 가뜩이나 12월 시상식 참가나 미뤄뒀던 가족여행 등으로 몸만들기가 어려웠던 그들이다. 다시 시작하는 마음으로 두세 달 앞으로 다가온 시즌을 준비해야 한다.

2014년 이전까지는 1월 초부터 팀 단체훈련이 있었다. 하지만 선수 비활동 기간, 즉 월급이 나오지 않는 12월과 1월에 팀 훈련을 하는 데 대해 선수들의 휴식권 보장 문제가 수면 위로 떠올랐고, 현재는 2월 1일부터 팀 공식훈련이 시작된다. 1월 훈련은 오롯이 선수 개인의 의지에 달려 있는 셈이다.

미국(MLB)이나 일본(NPB) 모두 1월의 훈련은 선수 개인에게 맡긴다. 이 무렵 페이스북이나 인스타그램 등 메이저리그 선수들의 SNS에는 육중한 트럭 타이어를 굴리거나 트레이너의 도움을 받으며 운동하는 모습이 종종 올라온다.

스프링캠프 시작이 2월로 미뤄진 뒤부터 많은 선수가 괌, 사이판, 호주, 오키나와 등으로 나가 훈련을 한다. 아무래도 따뜻한 곳에서 훈련하는 것이 부상 위험이 덜하기 때문이다. 훈련 비용이 부담되기도 하지만 좋은 성적을 위한 투자라고 생각한다. 투수들은 연차 어린 포수들의 경비를 대신 내주며 함께 떠나기도 하는데, 공을 받아줄 상대가 필요하기 때문이다. 또 일부 선수는 개인 트레이너를 고용하기도 한다. (메이저리그에서 개인 트레이너를 처음 고용한 선수는 베이브 루스였다. 베이브 루스는 1925년 개인 트레이너의 도움을 받아 18.5kg을 감량했다.)

여러 동료와 함께 훈련하는 것을 선호하는 이들은 홈구장 웨이트트레이닝장을 이용한다. 구장마다 실내연습장이 있어서 체력훈련뿐 아니라 기술훈련도 충분히 가능하다. 1월 중순께면 선수들로 가득해지는 실내연습장에서 동료의 모습을 마주하면 절대 허투루 훈련할 수 없다. 포지션 경쟁자가 훈련하는데 마냥 쉴 수는 없는 노릇이다. 물론 구단 소집일까지 절대로 야구장에 모습을 보이지 않는 선수도 더러 있지만.

선수를 둘러싼 사람들

현장 감독들 전지훈련 시작일이 늦춰지면서 제일 당황한 이들은 현장 감독들이었다. 선수들의 겨우내 몸 상태를 확인하고 하루라도 빨리 맞춤형 단체훈련을 하고 싶은 것이 감독들의 속마음이다. 특히 2군 선수와 신인급 선수들의 기량을 직접 점검할 기회가 사라진 데 아쉬움이 많다. 계약 마지막 해를 맞는 사령탑은 성적에 대한 부담감도 있어 그 초조함이 더하다. 김태형 두산 감독은 1월을 빗대 "쉬어도 쉬는 것 같지 않은 달"이라고 했다.

운영팀 연말부터 이어져 온 연봉협상을 마무리하고 스프링캠프 참가 인원 등을 코칭 스태프와 상의한다. 스프링캠프 참가 여부에 따라 해당 선수의 가치는 얼추 드러난다. 스프링캠프 명단에서 제외됐다는 것은 구단의 기대치가 그만큼 적다는 뜻이 된다. 명단에서 빠지면 국내에서 훈련해야 한다. 신인들의 경우 1차 지명 또는 2차 상위권 지명 선수가 아니면 훈련 명단에 들기 어렵다. 그만큼 프로의 벽은 높다. 이 밖에 운영팀은 1월 31일까지 KBO에 선수 등록을 하고, 새로운 장비를 선수들에게 나눠준다. 1년 야구 농사가 시작되는 셈이다.

구단 다른 팀 각 구단은 보통 12월 중순부터 보름 정도를 통째로 쉬는데, 시즌이 시작하면 주말에도 못 쉬기 때문에 그 전에 일종의 '구단 방학'을 갖는 셈이다. 한국야구위원회(KBO)에서도 보통 이때 밀린 휴가를 다녀온다. 시즌을 기준으로 돌아가는 야구단 시계는 선수에게나 직원에게나 별다를 바 없다.

구단 업무는 크게 운영, 마케팅, 홍보, 경영지원으로 나뉘는데 운영과 마케팅 파트가 1월에 가장 분주하다. 구단 살림을 책임지는 마케팅 파트는 1월부터 유니폼과 구장 광고를 팔고 이벤트 프로모션을 확정한다. 응원 콘셉트를 잡고 응원단과 계약을 맺고, 입장권 가격을 책정하고 연간회원도 모집한다. 2월 스프링캠프 팬 투어 일정을 짜는 것도 마케팅 파트 몫이다.

각 구단의 한결같은 목표는 우승, 현실적인 목표는 포스트시즌이다. '이상동몽(異床同夢)'이 따로 없다. 자유계약선수(FA)에 큰돈을 투자한 구단일수록 '왕좌'에 대한 욕심은 크다. 포스트시즌에 진출하는 것은 와일드카드를 포함해 5개 구단이다. 가을

야구 진출만으로 절반의 성공은 거둔 시즌이 되기 때문에, 선수와 코칭 스태프를 포함한 야구단 사람들은 10개 구단 중 5개 구단만 포스트시즌에 진출하는 50퍼센트의 확률 싸움을 위해 치열하게 고민한다. 겉으로는 가장 한가해 보이는 야구단의 1월은 고요 속에 태풍을 머금은 달이다.

> **야알못 탈출!** ◆ 야구 담당 기자들의 1월은 어떨까? 기사 기근에 시달리면서도 담당 구단에 관한 희망적인 기사를 쏟아낸다. 'ㅇㅇㅇ, 올해는 부활한다'라거나 '△△△, 2년 차 징크스는 없다'라는 식의 기사가 가장 많이 나온다. 팬들에게 적잖은 희망을 주기도 하지만 시즌 전이기 때문에 결과는 아무도 알 수 없다.

그들이 36번, 61번, 10번을 단 이유

유니폼 등 쪽에 이름과 함께 표기되는 번호는 선수의 상징과도 같다. 미국 메이저리그 구단인 뉴욕 양키스나 보스턴 레드삭스는 선수 이름 없이 번호만 새기기도 한다. 유니폼 번호가 선수의 이름을 대신하는 것이다. SK 와이번스 또한 2018시즌까지는 일요일 홈경기 때 오로지 번호만 적힌 유니폼을 입었다. 1947년 4대 도시 대항 전국 야구대회에서 우승한 인천 야구 대표팀인 '인천군(仁川軍)'의 유니폼을 재현한 것이다. 2019시즌부터는 이름을 새긴다.

야구 초창기 등번호는 라인업에 따라 정해졌다. 주전 선수는 1~8번, 백업 포수는 9번, 선발투수는 서양에선 불길한 숫자인 13번을 뺀 10~14번, 불펜 투수와 나머지 선수는 15~26번을 다는 식이었다. 그렇다면 한국 프로야구 선수들의 등번호는 어떻게 정해졌을까?

10번 '롯데 자이언츠 10번'은 '조선의 4번 타자'로 불리는 이대호다. 2001년 롯데에 입단한 이대호는 맨 처음엔 49번을 달았다. 당시 삼성으로 트레이드된 마해영이 달던 번호였다. 그러다 2005년부터 10번을 택했고, 이듬해 타격 3관왕(타율·홈런·타점 1위)을 달성하는 등 강타자의 이미지가 만들어지면서 2011년까지 10번을 고수했다.

일본 프로야구에 데뷔한 2012시즌에는 팀 사정상 25번을 달았으나 2013시즌부터 10번으로 바꿨고 일본 소프트뱅크 호크스로 이적해서도 10번을 고수했다. 미국 프로야구 시애틀 매리너스와 계약해서도 10번을 달았으며 2017시즌을 앞두고 한국 프로야구에 복귀할 때도 10번을 택했다. '롯데 10번 = 이대호'라는 등식은 계속 유효하다.

36번 2017시즌 후 은퇴한 '국민타자' 이승엽의 등번호는 36번이었다. 항간에는 이승엽이 데뷔할 때 당시 최다 홈런 기록을 갖고 있던 35번 장종훈을 넘어서려고 36번을 택했다는 설이 있지만 사실이 아니다. 이승엽은 "프로 데뷔 때는 투수였기 때문에 장종훈 선배와는 전혀 상관이 없다. 다만 36번을 달았을 때 좋은 성적이 나와서 계속 달게 됐다"라고 했다. 이승엽이 일본으로 진출한 뒤 '삼성 36번'은 상징성 때문에 빈 번호로 남아 있다가, 2012년 그가 복귀하면서 다시 제 주인을 찾았고, 이승엽 은퇴

후 영구결번이 됐다.

51번 2017시즌 최우수신인상에 빛나는 '바람의 손자' 이정후 (키움 히어로즈)의 현재 등번호는 51번이다. 신인 시절에는 41번을 달았는데 51번을 달던 양훈이 팀에서 방출되면서 원하던 번호를 얻게 됐다. 51번은 미국과 일본 야구사에 한 획을 그은 스즈키 이치로의 시그니처 번호이기도 하다. 우상을 따라 유니폼 번호를 바꾼 것이다. 이정후의 아버지인 이종범 LG 트윈스 코치는 현역 시절 7번을 달았으며 KIA는 이 번호를 영구결번으로 정했다.

52번 한화 이글스 김태균은 '52번의 사나이'다. 천안북중학교 시절부터 한화 이글스, 일본 지바 롯데 시절까지 꾸준하게 52번을 달았다. 번호 모양이 모 나지 않아 선수 생활이 잘 풀릴 것이라는 아버지의 추천으로 달았는데 지금은 분신과도 같은 번호가 됐다. 52번은 유니폼이 빈틈 없이 꽉 차 보이는 효과도 있다. 박병호 또한 히어로즈에서 52번을 달고 있다.

61번 박찬호의 '시그니처 번호'다. 박찬호는 아마추어 시절 줄곧 16번을 달았지만, 1994년 LA 다저스 입단 당시 16번은 투수 코치의 등번호였다. 그래서 '16'을 뒤집은 '61'을 택했고, 그가 원했던 16번은 이듬해 노모 히데오(일본)가 차지했다. 현재 박찬호와 노모는 절친이 돼 있다.

박찬호는 미국 17년, 일본 1년 동안 내내 61번만 썼다. 현역 마지막 시즌을 보낸 한화 이글스 입단식에서도 그는 61번 유니폼을 건네받았다. 당시 인터뷰에서 박찬호는 "어떤 팀을 가든 61번을 달아야 한다고 먼저 얘기했는데 이번엔 깜빡했다. 그런데도 한화가 챙겨줬다"라며 고마워했다.

누구도 달 수 없는 번호, '영구결번'

'쓸 수 없는 번호'가 생긴 건 영구결번 탓이다. KBO리그 사상 첫 영구결번은 1986년 사망한 OB 김영신의 54번이다. 김영신의 갑작스러운 죽음 이후 불길하다는 이유로 선수들이 이 번호를 꺼리자 OB가 영구결번으로 지정했다.

선수 시절 성적에 따라 지정된 KBO리그 첫 영구결번의 주인공은 선동열이다. 그가 1996년 일본 주니치 드래건스로 이적하면서 '타이거즈 18번'은 누구도 달 수 없는 번호가 됐다. 선동열은 국내 11시즌 동안 0점대 평균자책점(투구 이닝을 9이닝으로 환산했을 때 평균 1점도 내주지 않았다는 뜻)을 다섯 차례 기록한 전무후무한 투수였다. 통산 평균자책점도 1.20에 불과하다. 1000이닝 이상 투구한 선수들 가운데 1점대 통산 평균자책점을 기록한 이는 선동열이 유일하다.

선동열과 자웅을 겨뤘던 고 최동원의 11번(롯데 자이언츠) 은 그가 세상을 떠난 2011년에야 영구결번이 됐다. 김용수(LG 41번), 박철순(OB 21번), 이만수(삼성 22번), 장종훈(한화 35번), 정민철(한화 23번), 송진우(한화 21번), 양준혁(삼성 10번), 박경완 (SK 26번), 이병규(LG 9번) 등은 은퇴 직후 영구결번의 영예를 안 았다. 2018년까지만 열네 차례의 영구결번이 나왔다.

1월이면 구단들은 새로운 유니폼을 나눠준다. 그 전에 선수는 등번호를 정해야 한다. 시즌이 끝나고 선수단 정리가 완료되면 선수들은 원하는 번호를 서로 맞바꾼다. 전년도에 성적이 나오 지 않았던 선수들은 번호를 바꾸는 것으로 분위기 전환을 시도 하고, 이정후처럼 원하던 번호가 나오면 바로 바꾸기도 한다. 선 수들끼리 삼각, 사각 번호 트레이드도 한다. '번호＝나'라는 인식 이 있기 때문이다. 유니폼 숫자만 봐도 떨리는 것, 그것은 비단 팬들만 느끼는 감정은 아니다.

브래들리 주니어
'19번' 등번호의 의미

100년 넘는 역사가 이어져 온 메이저리그에도 등번호와 관련된 이야기가 많다. 전통의 강호인 뉴욕 양키스에서는 '0'을 제외한 한 자릿수 등번호가 모두 영구결번이다. 그중 야구 최초의 영구결번인 4번은 양키스 4번 타자였던 루 게릭이 달았던 번호다. 아이스버킷 챌린지로 제법 병명이 알려진 근위축성 측삭경화증 '루 게릭 병'의 그 루 게릭이다. 〈ESPN〉 등이 소개한 흥미로운 등번호를 소개한다.

0번 0번은 선수들이 잘 달지 않는 번호다. 하지만 애덤 옥타비누는 리틀리그 때부터 등에 0번을 새겼다. 자신의 이름 첫 글자(O)와 숫자 0이 똑같이 생겼기 때문이다.

2번 잰더 보가츠가 2번을 선택한 이유는 명확하다. 뉴욕 양키스 데릭 지터를 존경하기 때문이다. 양키스에서 지터의 등번호인 2번은 영구결번이다.

3번 샌디 레온의 어머니는 7월 3일, 아버지는 5월 3일에 태어났다. 3월 13일은 그의 생일이다. 그가 등에 3번을 단 이유다.

9번 아버지 또한 메이저리그 선수였던 디 고든의 등 번호는 9번이다. 아버지가 고등학교 때 달았던 번호이기도 하다. 디 고든은 말한다. "아버지는 빅리그에서 36번과 45번을 달았다. 3+6=9, 4+5=9다. 9는 내게 아버지와 같다."

19번 재키 브래들리 주니어는 프로로 데뷔할 때부터 19번을 원했다. "어머니가 뒷바라지를 위해 하루 19시간을 일했고 (메이저리그 첫 흑인 선수인) 재키 로빈슨이 1919년에 태어났기 때문"이다.

22번 제이슨 헤이워드는 고교 시절 같은 팀의 백업 포수였던 친구 앤디 윌모트가 달았던 등번호를 선택했다. 일찍 생을 마감한 윌모트의 어머니는 고교 선생님이었는데 헤이워드가 존경했던 인물이기도 하다.

51번 스즈키 이치로의 등번호다. 일본 프로야구 데뷔 때 처음 달

왔던 번호가 51번이었다. 아마추어 시절에는 투수였던 터라 주로 1번(투수의 포지션 넘버)을 달았다. 51번을 단 뒤로 일본 최다 안타 기록을 깨는 등 성적이 좋았기 때문에 미국에서도 가급적 51번을 달았다.

68번 델린 베탄세스의 키는 6피트 8인치다. 그래서 그는 68번을 단다. 단순하다고? 맨처음 그는 게리 셰필드를 좋아해서 10번을 달았다가, 생일이 23일이어서 23번으로 바꾸려 했지만 해당 번호가 비어 있지 않아서 32번을 대신 택했다. 이후에는 단순히 5와 3이 좋다는 이유로 53번을 잠깐 달기도 했으나 지금은 68번이다. "이 번호는 계속 유지할 것"이라는 게 그의 말이다. 과연 그럴 수 있을까?

69번 조금 야한 상상이 드는 이 번호를 달았던 이들도 있다. 메이저리그에서만 A. J. 콜 등 6명이 이 번호를 달았는데 성적은 그다지 신통치 않았다. 참고로 69번은 국내 선수들이 꺼리는 편이라 주로 신인급 선수에게 돌아간다.

82번 메이저리그에서 단 한 선수만 이 번호를 달았다. 보스턴 레드삭스의 조니 레이저다. 그는 1973년 30세 나이에 데뷔해 4시즌을 뛰었다. 가장 좋은 성적이 타율 0.226, 13타점이었다.

99번 류현진의 등번호다. 류현진은 한화 이글스 입단 당시 15번을 달았는데, 구대성이 그 번호로 복귀하면서 "어중간한 두 자리보다는 마지막 번호를 달고 싶다"는 이유로 99번을 택했다. 한화 창단 이후 처음이자 마지막 우승 해가 1999년이었던 것도 이유가 되었다. 미국 프로야구에서 99번은 '스포츠 선수가 선택할 수 있는 가장 크고 무거운 번호'라는 의미도 있다. 그래서 99번을 선호하는 이들이 꽤 있다.

야알못 탈출! • 2017시즌 개막 기준으로 메이저리그에서 가장 사랑받은 번호는 22번이다. 클레이튼 커쇼를 비롯해 모두 866명이 등에 이 번호를 달았다. 그다음은 27번(850명). 류현진처럼 99번을 단 선수는 모두 16명이 있는데 이는 89~98번을 단 선수들(12명)보다 많은 수다.

볼넷이 처음엔
볼 '넷'이 아니었다?

'18.44'. '야생마'로 불린 이상훈(전 LG 트윈스)의 상징과도 같은 숫자였다. 모자에도 사인공에도 그는 이 숫자를 새겨뒀다. 18.44m(60.6피트)는 투수판과 홈플레이트 사이의 거리다. 투수의 손을 떠난 공은 0.4초 안팎의 찰나에 이 거리를 날아 포수 미트에 꽂힌다.

그런데 만약 이상훈이 1890년에 야구를 했다면 그의 모자에는 '15.24'가 새겨져 있었을지도 모른다. 야구 초창기에는 마운드와 홈플레이트 사이가 15.24m(50피트)였기 때문이다. 너무 가깝다고? 1881년 이전에는 소프트볼과 비슷한 거리인 13.71m(45피트)에 불과했다. 지금의 18.44m는 1893년에 정해진 것이다.

초창기 야구의 진화 ❶ 룰의 변화

초창기 야구는 타자 중심이었다. 좌우 파울 라인도 없어서 크리켓처럼 타자가 어디로 공을 치든 '페어'가 됐다. 투수는 그저 타자가 잘 치도록 도와주는, 즉 지금의 배팅볼 투수 같은 역할만 했다. 1870년대 타자들은 높은 공을 원하는지 낮은 공을 원하는지까지 요청할 수 있었다. 경기 전 타자들이 타격 연습을 할 때를 생각하면 된다.

하지만 공격과 수비의 균형을 위해 점점 투수에 대한 제한을 풀어갔는데, 초기에는 토스하듯이 던지는 언더핸드, 사이드암 투구만 허용됐다가 1883~1884년에는 공을 어깨 위로 올렸다 던지는 오버핸드 투구가 가능해졌다. 마운드가 뒤로 옮겨진 것도 이런 변화와 함께 일어난 일이다. 투수에 대한 규제가 풀리면서 타자가 점점 불리해졌고 이에 투수판 위치를 18.44m 지점으로 조정했다. 1892년 리그 타율은 0.245였으나 투수판이 3m가량 뒤로 밀려 18.44m가 된 이듬해에는 0.280까지 상승했다.

볼넷 또한 처음부터 볼 '넷'이 아니었다. 맨 처음에는 볼이 9개가 되어야 타격 행위 없이 1루로 걸어 나갈 수 있었다. 하지만 1880년 8개로 줄었고, 1884년에는 볼 6개면 자동 진루권이 주어졌다. '볼넷'이 된 것은 1889년부터다. 투수 부담이 처음보다 절반 이하로 줄어든 셈이다. 볼넷이 안타가 아닌 볼넷으로 따로 표기되기 시작한 것도 이때부터다.

스트라이크 아웃도 초창기와 달라졌다. 1874년에는 스트라이크가 4개 필요했다. '삼진'이 아닌 '사진'으로 불릴 수도 있었다는

오버핸드 스로
공을 쥔 손을 어깨 위로 올려 던지는 것으로 가장 일반적인 투구다. 박찬호, 선동열, 최동원 등이 이렇게 던졌다.

언더핸드 스로
공을 무릎 아래에서 위로 쳐올리듯 던지는 투구다. 흔히 잠수함 투수라고도 칭하며 이강철, 김병현, 정대현 등의 동작이다.

사이드암 스로
공을 쥔 손을 허리 높이에서 던지는 투구다. 조웅천, 임창용, 심창민, 박치국 등의 동작이다.

뜻이다. 물론 그 전에는 헛스윙을 했을 때만 스트라이크로 인정했다.

1888년부터 스트라이크 아웃을 위한 스트라이크 개수는 3개로 줄었다. 1901년부터는 내셔널리그가 처음 두 번의 파울볼을 스트라이크로 선언하면서 투수들이 타자를 더그아웃으로 돌려보내기 한결 편해졌고, 스트라이크 아웃 비율 또한 덩달아 높아졌다. 그 이전까지 파울볼은 볼카운트에 들어가지 않았다.

수비를 서지 않고 공격만 하는 지명타자는 1973년에 등장했다. 느린 발과 늦은 타구 판단력으로 수비 기여도는 낮지만 '한방'이 있는 타격 기술로 팀을 승리로 이끌 수 있는 선수들이 리그에서 살아남을 방법이 생긴 것이다. 나이가 제법 있는 베테랑 강타자가 조금 더 오래 야구를 할 수 있는 길이기도 했다. 수비는 아무래도 체력적인 부담이 있기 때문이다.

현재 한국 프로야구와 메이저리그 아메리칸리그, 그리고 일본 야구 퍼시픽리그는 지명타자 제도를 활용하고 있지만 메이저리그 내셔널리그와 일본 센트럴리그에는 지명타자 제도가 없다. 이땐 투수도 타석에 서야만 한다. 투수 류현진이 LA 다저스 타석에 선 모습을 볼 수 있는 이유다. 투수는 보통 9번 타자로 나서는데 주자가 있는 경우 투수에게는 1사 후에도 번트 지시가 내려온다. 타격이나 주루 도중 부상 우려 때문이다.

또 과거에는 경기당 1명의 선수만 교체가 가능했던 때도 있었다. 대타, 대수비, 구원투수를 합해 단 한 번밖에 기용하지 못했다는 얘기다. 지금은 25명 규정 엔트리(메이저리그 기준) 안에서 몇 번이든 교체 가능하다. KBO리그는 규정 엔트리가 27명인데 이들 중 미리 선택된 2명은 경기에 출전할 수 없다. 보통은 전날 선발투수와 다음날 선발투수를 출전명단에서 제한다.

초창기 야구의 진화 ❷ 장비의 변화

포수가 최초로 마스크를 쓴 것은 1876년이었다. 하버드대학교 학생인 프레드 타이어가 하버드 야구팀 포수 알렉산더 팅에게 펜싱 마스크를 씌웠다. 야구 헬멧이 처음 등장한 해는 1941년인데, 그마저도 야구 모자 안에 단단한 삽입물을 넣는 식이었다. 1940년까지 타자들은 투수들의 빠른 공에 머리가 무방비로 노출돼 있었다. 1920년에는 양키스의 우완 투수 칼 메이스가 던진 빠른 공에 클리블랜드 인디언스의 유격수 레이 채프먼이 머리를 맞아 다음날 사망하기도 했다.

헬멧 착용이 의무화된 것은 1971년부터다. 그러나 일부 선수들은 '조부조항'(grandfather clause, 이전의 규칙이나 계약 등을 인정하는 것)에 의해 헬멧을 쓰지 않고 플라스틱 내장재가 안감으로 쓰인 모자를 그대로 착용했다. 메이저리그에서 마지막으로 헬멧을 쓰지 않은 타자는 1979년까지 경기를 뛴 보스턴 레드삭스 포수 밥 몽고메리로 알려져 있다.

1982년 이후에는 메이저리그에 입성한 모든 선수가 한쪽 또는 양쪽 귀덮개가 달린 헬멧을 써야 한다는 조항이 생겼다. 대부분의 타자들은 한쪽만 귀덮개가 있는 헬멧을 쓰지만 마이너리그에서는 양쪽 귀를 덮는 헬멧이 의무화되어 있다. 부상 방지 차원이다. 요즘에는 앞쪽에 안면 보호대를 덧댄 일명 '검투사 헬멧'을 선호하는 선수도 점점 늘고 있다. 다소 불편하지만 안전을 위한 선택이다.

강한 타구에 머리를 다치는 사고가 발생하면서 투수도 안전 헬멧을 써야 한다는 여론도 있다. 그러나 투수들은 대부분 투구 때 방해가 된다는 입장이다. 2007년 마이너리그 주루코치가 타구에 맞아 사망한 뒤 메이저리그는 주루코치의 헬멧 착용을 의무화했다. 한국 또한 2011년부터는 1·3루 주루코치 모두 헬멧을 써야 한다. 정강이 보호대는 1907년 뉴욕 자이언츠(1958년 샌프란시스코로 연고지를 옮겼다) 포수가 처음 사용했고, 그 전까지 포수들은 바지 안에 신문지를 구겨 넣곤 했다.

야구는 또다시 변화의 기로에 서 있다. 세계야구소프트볼연맹(WSBC)이 2020년 23살 이하(U-23) 야구월드컵부터 정규이닝을 9이닝에서 7이닝으로 축소할 방침이다. 경기시간 단축을 위한 방안이다. 경기시간 단축은 MLB나 KBO리그 모두 공통적인 숙제인데, 어쩌면 야구는 앞으로 진화 혹은 퇴보를 맞을지도 모르겠다.

10개 구단
톺아보기

KBO리그에는 10개 구단이 있다. 구단 역사를 알고 보면 야구는 더 재미있다.

삼성 라이온즈

대구 연고. 1982년 창단. 홈구장인 대구삼성 라이온즈파크는 2016년부터 사용했다. 시즌 중 6~9경기 정도 개최되는 제2구장은 포항야구장이며 마스코트는 사자다. 응원 구호는 "최강 삼성". 한국시리즈에서 일곱 차례(2002년, 2005년, 2006년, 2011~2014년) 우승했고, 1985년에는 전·후기리그 통합우승을 했다. 영구결번은 22(이만수), 10(양준혁), 36(이승엽)이다. 롯데 자이언츠와 함께 한국 프로야구 원년에 창단돼 구단명과 모그룹, 그리고 연고지가 변경되지 않은 '유이'한 팀이다.

롯데 자이언츠

부산 연고. 1982년 창단. 홈구장은 사직야구장이며 제2구장은 울산문수야구장이다. 마스코트는 갈매기이고, 주요 응원가는 〈부산 갈매기〉인데 2018시즌에는 저작인격권 때문에 야구장에서 공식적으로는 불리지 못했다. 신문지를 찢어 꽃술처럼 만들어서 흔들거나 쓰레기 수거용으로 나눠준 주황색 비닐봉지에 바람을 불어넣어 머리에 쓰는 등 독특한 응원 문화가 있다. 한국시리즈에서 두 차례(1984년, 1992년) 우승했다. 영구결번은 최동원의 유니폼 번호였던 11번이며, 사직야구장 앞에 최동원 동상이 서 있다.

두산 베어스

서울 연고. 1982년 창단. LG 트윈스와 함께 잠실야구장을 홈구장으로 한다. 1982년 프로 원년에 서울 이전을 약속받고 3년간 대전에서 임시로 시즌을 치른 적이 있다. 두산 그룹이 OB맥주를 매각하면서 1999년 1월 OB 베어스에서 두산 베어스로 팀 이름을 바꿨다. 마스코트는 반달곰. 베어스 데이, 퀸즈 데이, 플레이어스 데이 등 각양각색의 팬 이벤트를 많이 한다. 프로 원년(1982년)을 포함해 다섯 차례 우승(1995년, 2001년, 2015년, 2016년)했으며, 영구결번은 54(김영신), 21(박철순)이다.

한화 이글스

대전 연고. 1986년 프로야구 일곱 번째 구단으로 창단. 홈구장은 대전 한화생명 이글스파크이며 제2구장은 청주야구장이다. 마스코트는 독수리. '불꽃 한화'로도 불린다. 8회마다 구장에 올리는 육성 응원이 백미다. 1993년 11월 빙그레 이글스에서 한화 이글스로 팀 이름을 바꿨는데, 모그룹인 한국화약이 한화그룹으로 사명을 바꾼 데 따른 것이었다. 한국시리즈 우승은 단 한 차례(1999년)였으며, 영구결번은 35(장종훈), 23(정민철), 21(송진우)이다.

LG 트윈스

서울 연고. 홈구장은 잠실야구장. 1982년 창단된 MBC 청룡을 1990년 1월 럭키금성 그룹이 인수한 뒤 LG 트윈스가 됐다. 럭키금성 그룹 내에서 맨 처음 'LG'라는 이름을 사용했으며, 마스코트는 쌍둥이인 팀웍이와 근성이. '무적 LG'라는 구호를 사용하며, 한국시리즈 우승은 두 차례(1990년, 1994년) 있었다. 영구결번은 41(김용수), 9(이병규)이다.

SK 와이번스

인천 연고. 홈구장은 인천 SK행복드림구장. 2000년 창단되었으며 기존 전북 연고였던 쌍방울 레이더스(1990~1999년)의 선수와 코칭 스태프를 이어받았으나 인수가 아닌 새 팀 창단 형식으로 만들어졌다. 응원 구호("인천 SK")에 연고지 이름을 넣는 유일한 팀이다. 마스코트는 아테나(승리의 여신)와 와울(부엉이)이며, 한국시리즈 우승은 네 차례(2007년, 2008년, 2010년, 2018년) 있었다. 영구결번은 26(박경완)이다.

KIA 타이거즈

광주 연고. 홈구장은 2014년부터 쓰고 있는 광주-기아 챔피언스필드. 모그룹은 현대자동차그룹이며 2001년 8월 해태 타이거즈(1982~2001년 8월)를 인수하면서 탄생했다. 마스코트는 호랑이이고, 해태 시절을 포함해 한국시리즈 우승 열한 차례(1983년, 1986~1989년, 1991년, 1993년, 1996~1997년, 2009년, 2017년)로 KBO리그 최다 기록을 갖고 있다. 영구결번은 18(선동열), 7(이종범)이다.

키움 히어로즈

서울 연고. 홈구장은 고척 스카이돔. 2008년 현대 유니콘스(1995~2007년) 해체 뒤 센테니얼 인베스트먼트라는 투자 회사가 인수해 재창단했다. 여타 구단과 달리 모그룹이 없고 네이밍 스폰서로 운영된다. 맨 처음에는 우리담배가 네이밍 스폰서를 맡으면서 '우리 히어로즈'로 불렸고, 2010년부터 2018년까지는 넥센 타이어와 동반자 관계를 유지하면서 '넥센 히어로즈'가 됐다. 2019시즌부터는 키움증권으로 네이밍 스폰서가 변경됐다. 마스코트는 턱돌이와 동글이이며, 우승 횟수는 0회이다.

NC 다이노스

창원 연고. 홈구장은 창원 NC 파크 마산구장. 2011년 2월 KBO리그 아홉 번째 구단으로 탄생했다. 모기업은 NC소프트로, 게임 회사답게 참신한 마케팅을 많이 한다. 팬 상품 가운데 공룡 모양의 망토가 인기가 제일 많다. 2012년 퓨처스리그(2군)를 거쳐 2013년부터 KBO리그에 참가했다. 마스코트는 공룡(단디, 쎄리)이며 우승 횟수는 0회이다. 2016년 한국시리즈에서 준우승했다.

kt 위즈

수원 연고. 홈구장은 수원 kt 위즈 파크. KBO리그 제10구단 창단 때 전북을 연고로 하려는 부영(건설업)을 제치고 kt가 운영 주체로 결정됐다. 2014년 퓨처스리그에 참가했고 2015년부터 KBO리그에서 뛰고 있다. 마스코트는 빅과 또리이며, 창단 뒤 3년 연속 10위를 기록하다가 2018년에 9위를 기록했다.

그리고 사라진 팀들

삼미 슈퍼스타즈(1982~1985년) 인천, 경기도, 강원도 연고.

1982년 프로 원년에 창단돼 1985년 6월 해체됐다. 마스코트는 슈퍼맨이며, 1982년 15승 65패로 최악의 승률(0.188)을 기록했다. 1983년 재일교포 장명부를 영입하며 '반짝'했으나 그 해뿐이었다.

청보 핀토스(1985~1987년) 인천, 경기도, 강원도 연고. 1985년 5월 삼미 슈퍼스타즈를 인수했다. 풍한그룹과 청보식품이 공동 출자했고 모기업의 청바지 브랜드명이기도 한 핀토스(조랑말)를 마스코트로 했다. 1987년 풍한그룹 도산 뒤 태평양화학(현 아모레퍼시픽)이 인수했다.

태평양 돌핀스(1988~1995년) 인천, 경기도, 강원도 연고. 태평양화학이 청보 핀토스를 인수하여 1988년부터 태평양 돌핀스라는 이름으로 리그에 참가했다. 마스코트는 돌고래이며, 1994년 한국시리즈에서 준우승했다. 1995년 9월 현대그룹에 매각됐다.

현대 유니콘스(1996~2007년) 1996년부터 1999년까지 인천, 경기도, 강원을 연고지로 하고 2000년 서울로 연고지를 이전할 계획이었으나 현대그룹의 자금난으로 2000년부터 수원을 임시 연고지로 사용했다. 마스코트는 유니와 코니이며, 한국시리즈 우승은 네 차례(1998년, 2000년, 2003~2004년) 있었다. 2006시즌 현대그룹의 지원이 중단되면서 KBO 자금으로 1년간 운영되기도 했으나 결국 해체됐다.

쌍방울 레이더스(1990~1999년) 전라북도 연고. 프로야구 제

8구단으로 1990년 2군 리그 참가 뒤 1991년부터 1군 리그에서 뛰었다. 대기업의 지원을 받는 강팀을 상대로 거침이 없어 '돌격대'라고도 불렸으나 1997년 10월 모기업인 쌍방울 그룹이 부도가 나면서 주축 선수들을 현금 트레이드 하며 구단 생명을 이어갔다. 2000년 1월 해체됐다.

야알못 탈출! ◆ 인천을 연고로 하는 프로 야구단이 제일 많이 바뀌었는데 연고지로만 놓고 보면 그 순서는 이렇다. 삼미 슈퍼스타즈-청보 핀토스-태평양 돌핀스-현대 유니콘스(이후 수원을 임시 연고지로 했다가 해체 뒤 서울 히어로즈로 창단돼 서울로 이전)-SK 와이번스(현재).

야구하기 좋은 날이군…

2월

스프링캠프가
궁금하다

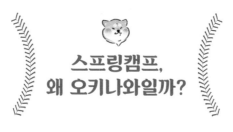

스프링캠프,
왜 오키나와일까?

　일본 오키나와는 2월이면 야구팀들로 북적인다. 나하 공항 국제선 청사 입국장부터 삼성, 한화, SK, KIA 등 한국 프로야구단 로고가 곳곳에 붙는다. 국내선 청사도 비슷하다. "환영, 오키나와 스포츠 캠프"라고 적힌 펼침막이 이곳저곳에서 흩날린다. 2016년 통계를 기준으로 일본 1·2군 13개 팀(순수 구단 수로는 9개, 일본 프로야구 구단 수는 총 12개), 한국 6개 프로야구 팀이 오키나와 19개 구장에 흩어져 훈련을 했다. 2019시즌에는 SK, 삼성, 한화, KIA, LG, 롯데, 두산 등 7개 팀이 오키나와에서 캠프 내내 혹은 1·2차를 나누어 오키나와에서 전지훈련을 했다.

　오키나와 류긴종합연구소에 따르면 2014년 스프링캠프 유치로 오키나와는 88억 8000만 엔(973억 원)의 지역 경제 효과를 창출했으며, 야구단 훈련과 연습경기를 보기 위해 오키나와를 찾은 관광객도 31만 9500명에 이르렀다. 오키나와는 캠프 관련 책자까지 따로 만들어 팬들에게 무료로 배포할 정도로 열성을 보인다. 요미우리 자이언츠 연습경기 입장권은 4000엔(약 4만 4,000원)에 팔리기도 한다.

왜 오키나와인가?

오키나와는 구장이나 숙소, 음식, 기후 면에서 최적의 스프링 캠프 장소로 꼽힌다. 미국 플로리다나 애리조나도 야구 전지훈련지로 손색이 없으나 2월 중순이면 메이저리그 스프링캠프가 시작돼 한국 구단들은 훈련장을 비워줘야 한다.

오키나와에 처음 스프링캠프를 차린 한국 프로 팀은 LG였는데, 창단 뒤 주니치와 자매결연을 하면서 자연스럽게 오키나와로 캠프를 오게 됐다고 한다. 주니치는 1985년부터 오키나와에서 봄 캠프를 진행 중이다. LG는 1992년 처음 오키나와에 스프링캠프를 차린 뒤로 중간에 장소를 바꾸기도 했지만 1997년부터는 줄곧 이시카와구장에서 전지훈련을 했다. 하지만 이시카와구장이 태풍 피해를 입으면서 2019시즌 전에 호주에서 1차 캠프를 하고 2차 때 오키나와로 넘어갔다.

SK는 2002년부터, 삼성은 2005년부터 오키나와에 둥지를 틀었다. 당시 삼성은 선동열 감독이 추진해 오키나와에 오게 되었고, KIA 또한 선 감독이 사령탑을 맡은 2012년부터 오키나와와 연을 맺었다. 선동열 감독은 일본 프로야구 경험이 있던 터라 일본을 더 선호했던 경향이 있다.

키움(전 넥센) 히어로즈는 2017시즌까지 오로지 연습경기만을 위해 오키나와에 머물렀다. 훈련구장을 구하려고 해도 오키나와 야구장이 이미 포화 상태라 계약 가능한 곳이 없었기 때문이다. 비라도 오면 하루를 그냥 공치는 형편이었다. 이런 이유로 히어로즈는 2019시즌에 앞서서는 애리조나에만 머물렀다. NC, kt 등 연습경기 상대가 근처에 있어 가능한 결정이었다.

오키나와 캠프의 장점과 단점

오키나와 캠프의 가장 큰 매력은 일본 팀과 치르는 연습경기다. 심재학 전 히어로즈 코치는 "미국에서 대학 팀과 연습경기를 할 때와 비교해보면 일본 팀과 경기를 할 때 선수들의 긴장도나 집중도가 확실히 높았다. 한국 팀과 할 때보다 더 집중했다"라고 전했다. 양상문 롯데 감독도 "국내 프로구단이 언제 일본 구단과 연습경기를 해보겠는가. 확실히 일본 구단과의 연습경기가 도움이 많이 된다"라고 말한 적이 있다.

문제는 있다. 오키나와 훈련구장들은 아주 낡았다. SK가 훈련하는 구시카와구장은 1984년에 지어졌고, 2012년 보수공사를 했지만 그라운드 흙 사정은 여전히 좋지 않다. LG가 사용했던 이시카와구장도 사정이 비슷하다. 1985년에 지어졌는데 보조구장은 그냥 공터에 가깝다. 일본 구단이 한국 구단과 연습경기를 할 때 한국 팀 훈련구장이 아닌 그들의 홈구장에서만 치르는 것도 구장 사정과 무관치 않다. 그나마 삼성이 쓰는 아카마구장이 실내연습장 등을 갖춰 시설이 좋은 편이다.

최근에는 오키나와 날씨가 좋지 않아 구단들이 골머리를 앓는다. 비 오는 날이 잦고 섬이라는 특성상 바람이 거세다. 낮 기온은 15도 안팎을 유지하는데 바닷가에서 찬바람이라도 불어오면 속수무책이다. 이런 날은 몸 상태를 고려해 훈련을 일찍 접어야 한다. 야구 관계자들은 "2년 주기로 날씨가 안 좋은 것 같다"고 체감한다. 중국인 관광객이 늘어 현지 물가가 가파르게 오르고 있는 것도 고민이다. 야구 관계자들은 "음식값이 해마다 뛰고 있다"며 혀를 내두른다.

야구장 시설 낙후와 변덕스러운 날씨로 미국 LA나 하와이 등이 대안으로 떠오르고 있으나 감독들은 난색을 보인다. 예전에 두산이나 한화가 하와이에서 훈련할 때 여러 사고가 있었기 때문이다. 2003년 하와이 전지훈련 때 숙소에서 무단이탈한 모 선수가 현지 술집에서 교포 청년들과 시비가 붙어 결국 미국 법정에 서는 일도 있었다.

교민들이 많이 사는 LA 같은 곳에선 선수단 통제가 더욱 어려울 수 있다. 한 감독은 알음알음 친분을 쌓은 교포들이 숙소로 찾아와 선수를 데리고 나가는 경우가 있고, 이럴 경우 구단의 통제 바깥에 놓일 수밖에 없다고 말하기도 했다.

구장 계약 문제 또한 무시할 수 없다. 한 구단 관계자는 "미국 내 스프링캠프 연장을 고민해볼 수 있지만 그럴 경우 오키나와 구장 재계약이 어려울 수 있다. 야구장 계약 경쟁이 치열하기 때문에 한 해 빠지면 오키나와에 다시 들어가기 힘들 수도 있다"는 고민을 털어놓는다. 오키나와와 한국 프로야구단의 '겨울 동거'가 앞으로도 계속 이어질 수밖에 없는 실질적인 이유다.

야알못 탈출! • 1888년 메이저리그 워싱턴 캐피털스는 따뜻한 플로리다에서 3주간 스프링캠프를 차렸다. 《야구의 역사》에는 "14명 선수 중 4명만 술이 깨어 있고 나머지는 고주망태였다. 매일 밤 싸움질을 일삼고 모든 집기들을 부수곤 했다"라고 스프링캠프 모습을 묘사했다. 하지만 체력이 곧 돈과 연결되는 요즘은 스프링캠프 현지에서 과음하는 모습은 거의 찾아볼 수 없다.

똑같은 훈련은 지루하다,
이색 훈련법

　스프링캠프 훈련은 지루하다. 오전 9시까지(특타조는 8시 30분, 혹은 더 일찍 그라운드로 나오는 경우도 있다) 운동장에 나와 오후 3시쯤 마감하고 1시간에서 1시간 30분가량 웨이트트레이닝을 한다.

　팀마다 다르지만 저녁에는 '나머지 훈련'도 있다. 수건을 한 손에 쥐고 투구 동작을 반복하는 섀도 피칭을 하고, 타격 자세를 잡아 빈 스윙을 하는 섀도 스윙을 하거나 아예 운동장 조명탑을 켜놓고 타격 훈련을 하기도 한다. 훈련장에 야간 훈련 시설이 없는 경우에는 호텔 주차장이나 발코니에서 훈련하는 모습도 종종 볼 수 있다. 호텔에는 훈련할 수 있는 장소가 많지 않기 때문이다. 3일 훈련-1일 휴식, 혹은 4일 훈련-1일 휴식으로 스프링캠프 훈련은 반복된다.

　투수는 공을 던지고, 타자는 방망이를 휘두른다. 가장 기본적인 연습이다. 수비도 기본은 단순하다. 날아오는 공을 잡으면 된다. 하지만 같은 방법으로 계속 훈련하면 금방 지루해지고 훈련 효과도 좋을 리 없다. 하물며 40일 가까이 진행되는 스프링캠프는 오죽할까. 각 구단 코칭 스태프가 더 효율적이고 더 흥미로운 훈련 방법을 계속 고민하는 이유다.

스프링캠프의 훈련 도구들

스프링캠프 훈련장에서 야구공 외에 가장 흔하게 볼 수 있는 공은 테니스공이다. 주로 수비훈련에 쓰는데, 외야뜬공을 잡는 연습을 할 때 좋다. 테니스공은 야구공에 비해 타구가 잘 뻗지 않아 수비 집중력을 키우는 데 도움이 되고, 부상 위험이 적다는 매력도 있다. 투수들도 테니스공으로 던지는 훈련을 한다. 야구공과 달리 테니스공은 공을 던지는 순간 꽉 움켜쥐어야 해서 손가락과 손목 힘을 기르는 데 효과 만점이라고 한다.

배드민턴 라켓도 스프링캠프 단골 훈련 도구다. 김성근 전 한화 감독은 자주 투수들에게 배드민턴 라켓을 휘두르게 했는데 "팔 돌아가는 회전법을 배우게 하려는 것"이라고 설명한 적이 있다. "스윙할 때 온몸을 쓰면서 하니까 자연스레 팔 회전 원리를 깨닫게 된다"고 한다.

김 전 감독은 이런저런 기발한 훈련 도구를 많이 사용했다. 5kg 안팎 무게의 해머도 그중 하나였다. 김태균 등 한화 선수들

한번 칠 때마다,
홈런 적립‼

팡

+1 +2 …

은 김성근 전 감독이 주도하는 전지훈련 동안 해머를 들어 땅바닥에 내리치곤 했다. 허리, 배 근력 강화 훈련의 일종으로, 밸런스를 찾는 방법이기도 하다. 순간적으로 힘을 모으는 원리가 타격할 때와 비슷하기 때문이다. 김성근 감독은 다른 구단보다 훈련량이 2~3배 많았는데 이 때문에 더 다양한 훈련 방법이 필요했는지도 모른다.

히어로즈 선수들도 미국 애리조나 전지훈련에서 해머로 타이어를 두들기곤 했다. 타자들은 무게 5kg 해머로 지름 1m가 넘는 거대한 타이어를 두들기며 힘을 키운다. 해머 훈련법은 순간 파워를 늘리고 복근을 강화하는 데 도움이 된다. 히어로즈 선수

맞바람을 가르며,
불타는 허벅지 투혼 …

들이 홈런이나 장타를 뻥뻥 쳐대는 것은 이런 해머 훈련에 기반
하지 않았을까?

또 다른 이색 훈련법도 있다. 롯데에서 제리 로이스터 감독 이
후 실행하는 낙하산을 뒤에 매달고 뛰는 훈련이 그것이다. 하체
를 강화하는 방법인데 타이어에 연결된 끈을 몸에 묶고 달리는
훈련과 비슷하다. 타이어는 비단 자동차를 굴러가게만 하는 용
도가 아니다.

글러브,
다 같지 않다

글러브는 수비 포지션마다 크기와 모양이 제각각이다. 이 때문에 여러 포지션에서 수비를 소화하는 멀티 플레이어는 글러브를 여러 개 갖고 다닌다. 내야 멀티 플레이어의 원조 격인 홍원기 키움 히어로즈 코치 또한 그랬다. 1루수, 2루수, 3루수, 유격수, 내야 전 포지션의 글러브가 있었다. 어차피 굴러오거나 날아오는 공을 잡는 것이니 '똘똘한 놈' 하나만 있으면 될 것 같은데, 야수들은 효과적인 수비를 위해 포지션마다 다른 글러브를 낀다.

포수와 1루수의 글러브 보통 미트라고 부른다. 포수 미트는 다른 어떤 종류의 글러브보다 크다. 전체 높이(손목부터 손가락 끝까지의 위아래 길이)가 15.5인치(39.4cm), 전체 둘레가 38인치(96.5cm)를 넘지만 않으면 된다. 포수 미트는 시속 160km의 빠른 속구를 받아도 충격이 덜 하도록 손바닥 부근에 완충 패딩이

들어 있다.

　포수를 제외한 야수 중 송구를 가장 많이 받아내는 1루수는 다른 야수보다 넓고 긴 미트를 사용한다. '지저분하게' 송구된 공도 거뜬히 잡아내기 위해서다. 미트의 크기는 위에서 아래까지 12인치(30.5cm), 엄지의 'V' 자 부분부터 미트의 외면 끝까지 8인치(20.3cm) 이내여야만 한다. 보통은 커다란 웹(엄지와 검지 사이 그물식으로 된 부분)을 단 미트를 사용한다.

　내야수의 글러브 땅볼을 빠르게 처리할 수 있는 작은 글러브를 사용한다. 보통 2루수는 11.25인치, 유격수는 11.5인치, 3루수는 11.75인치짜리 글러브를 쓴다. 글러브의 크기만 놓고 보면 '1루수〉3루수〉유격수〉2루수' 순이다. 홍원기 히어로즈 코치는 "보통 3루수, 1루수는 '볼집'(포켓)이 깊은 글러브를, 더블플레이를 많이 연결해야 하는 2루수와 유격수는 공을 빼기 쉽게 볼집이 얕은 글러브를 사용한다. 3루수 글러브의 경우 강습 타구를 정확하게 포구하기 위해 볼집이 깊다"고 설명한다.

　외야수의 글러브 내야수의 것보다 크다. 1루수 미트와 크기가 엇비슷하다. 땅볼보다는 뜬공을 안정적으로 포구할 목적으로 설계돼 있다. 모든 글러브는 무게 제한이 없지만 무거운 글러브를 장시간 낄 선수는 없기에 손바닥과 손가락을 보호할 수 있을 만큼만 가죽을 두껍게 한다.

투수의 글러브 밀폐된 웹을 단 큰 글러브를 선호한다. 공을 잡는 그립을 타자에게 숨기려는 의도다. 여러 색이 섞인 글러브를 써도 되지만 박음질, 끈과 웹 부분을 제외하고 흰색이나 회색은 쓸 수 없다. 공 색깔과 헷갈릴 수 있기 때문이다. 글러브와 색이 다른 이물질을 글러브에 부착해서도 안 된다.

야알못 탈출! • 새 글러브는 '길들이기' 과정을 거친다. 안정적인 볼집을 만들어가는 과정이다. 헝겊이 아닌 가죽 재질이기 때문에 손에 익히기까지 시간이 꽤 필요하다. 캐치볼을 많이 하는 것이 가장 자연스러운 방법이지만 선수들은 저마다의 방법으로 글러브를 자기 것으로 만들어간다. 글러브에 공을 퍽퍽 튕기거나 주먹으로 글러브를 때리는 모습을 종종볼 수 있는데 이 또한 새 글러브를 손에 익히는 과정이다. 차바퀴 밑에 깔리게 글러브를 던지는 것은 아주 아마추어적인 방법이다. 그보다는 나무망치로 글러브를 두들기거나 글러브 안에 공을 넣은 채 끈으로 묶는 방법을 쓴다. 바셀린 등의 오일을 바를 때도 있다. 물에 푹 담갔다가 그늘에 말리기도 하고 촛농을 글러브에 떨어뜨려서 길들이기도 한다. 하지만 최근에는 부드러운 재질의 가죽을 사용한 맞춤형 글러브를 쓰기 때문에 특별히 길들일 필요가 없다. 전문 대행사가 있기도 하고.

그라운드부터 전광판, 제대로 알기

그라운드가 다이아몬드 모양인 이유

야구장에서 맨 처음 눈에 들어오는 것은 초록의 그라운드다. 돔구장의 특성상 인조잔디를 쓸 수밖에 없는 고척 스카이돔을 제외하고 대부분 천연잔디가 깔려 있다. 예전에는 관리의 어려움 때문에 인조잔디를 고집하는 구장도 있었지만 선수단 부상 위험성 등의 이유로 지금은 천연잔디가 더 선호된다.

야구장이 현재의 모습을 갖추기 시작한 것은 1857년부터로, 이전에는 경기장 크기도 제각각이었고 규칙도 팀마다 달랐다. 하지만 1857년 뉴욕 니커버커스 야구클럽의 선수이면서 구단주였던 대니얼 애덤스의 주도로 뉴욕 14개 팀이 모여 야구 규정을 논의했고 이후 "야구 규칙(BaseBall Laws)"이라는 제목의 문서를 내놨다.

이 문서에는 9명의 선수가 9이닝을 치르는 것으로 게임의 규

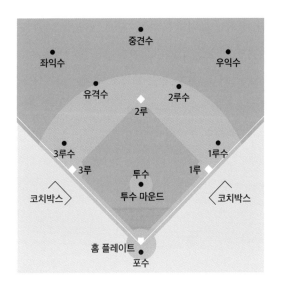

칙이 소개되었고 내야를 베이스 간 거리가 90피트인 정사각형으로 한다는 것도 적혀 있다. 이때 내야가 반듯한 다이아몬드 모양으로 정해진 것이다. 현재도 외야 펜스까지의 거리는 구장마다 다르지만 내야만큼은 모든 구장이 똑같다.

전광판 읽는 법

그라운드에서 시선을 올리면 외야석 중간에 전광판이 있다. 전광판 또한 예전에는 점수만 표시했지만 요즘은 온갖 정보를 보여준다. SK 와이번스가 홈구장으로 사용하는 인천 SK행복드림구장은 가로 63.398m, 세로 17.962m에 이르는 '빅보드'도 갖추고 있다. 영화나 뮤지컬을 볼 수 있을 만큼 큼지막하다.

전광판에는 야구장 초보자에게는 낯선 알파벳들이 빼곡하다. 기본적으로 R, H, E, B가 있는데 R은 득점(run), H는 안타(hit), E는 실책(error), B는 볼넷(base on balls)을 뜻한다. 홈런도 H에 포함된다. S, B, O도 하나의 짝을 이룬다. S는 스트라이크(strike), B는 볼(ball), O는 아웃(out) 카운트다. 투수가 공을 던질 때마다 각각의 숫자가 달라진다.

H, E, FC는 현재 타석에 서 있는 타자의 타격 결과를 보여준다. H는 안타, E는 실책, FC는 야수 선택(fielder's choice)을 지칭한다. 가령 무사 1루에서 번트를 댔는데 타구를 잡은 투수가 1루 주자를 아웃시키려고 2루에 던졌으나 세이프가 되고 타자 또한 1루에서 살았을 때, 전광판에는 FC에 불이 들어오거나 따로 표기가 된다.

타자의 현재 성적을 알려주기도 하는데 HR은 홈런(home run), RBI는 타점(run batted in), AV는 타율(average)이다. SP는 투수가 던지는 공의 속도(speed)를 알려준다.

1번부터 9번까지 라인업에 함께 표시되는 숫자는 수비 위치를 의미한다. 투수는 1, 포수는 2, 1루수는 3, 2루수는 4, 3루수는 5, 유격수는 6, 좌익수는 7, 중견수는 8, 우익수는 9로 표기된다. D는 지명타자(designated hitter)를 말한다. 경기 도중 번호 위치에 H가 뜰 때가 있는데 이는 대타(pinch hitter)를 뜻한다. R은 대주자(pinch runner)다. 대수비는 그냥 숫자로만 말해준다. 포지션 번호를 알면 공식 기록지를 읽을 때도 수월해진다.

옛 점수판은 숫자 1개만 적을 수 있었기 때문에 10점 이상의 '빅이닝'을 표시할 때 10점이면 A, 11점이면 B, 12점이면 C… 식으로 표기했다. 지금껏 한 이닝 최다 득점 기록은 13점이었으니까 D까지는 전광판에 적힌 적이 있다. 요즘은 디지털로 처리하기 때문에 10점, 11점도 전광판에 그대로 표시되는 곳이 많다.

야구장에 따라 심판 이름도 명시되는데 CH가 이날의 주심이다. 전광판만 유심히 살펴도 그날 경기의 흐름을 한눈에 꿰뚫을 수 있다는 점을 명심하자.

3월

시범경기,
'실험' 경기

시범경기의
'진짜 목적'

"오타니 거품 아니야?"

2018년 봄, 야구를 좋아하는 지인들이 가장 많이 한 질문이었다. 대답은 늘 같았다. "글쎄." 딱히 해줄 말이 없었다. 예비고사 성적만 보고 섣불리 본고사 성적을 예측할 수는 없으니까. 시범경기는 그저 '실험' 경기다.

현대 야구에서 보기 드물게 투타 겸업을 하는 '이도류'인 오타니 쇼헤이는 2018시즌에 앞서 메이저리그에 진출했다. 닛폰햄 파이터스 소속으로 일본 야구를 뒤흔들었고 나아가 전 세계 야구팬을 열광시켰다. 메이저리그 진출을 선언했을 때는 30개 구단 대부분이 관심을 보였다. 선택권이 있던 오타니는 30개 구단에 편지를 보내 '나를 어떻게 쓸 것인가'에 대한 리포트를 작성해 제출하라고 요구하고, 최종 7개 구단을 상대로 직접 면접까지 봤다. 지극히 이례적인 일이다.

베테랑의 시범경기

요란한 과정을 거쳐 미국 야구에 입성했지만 사실 오타니가 시범경기에서 보여준 성적은 초라함 그 자체였다. 타자로는 11경기에서 타율 0.125(32타수 4안타) 1타점에 그쳤고 투수로는 두 차례 등판해 2와 2/3이닝 9피안타(3피홈런 포함) 5탈삼진 9실점이라는 수준이하 성적을 냈다. "마이너리그 수준"이라는 비아냥마저 들었다.

하지만 막상 시즌이 시작되자 달라졌다. 오타니는 개막 한 달동안 4경기에 선발 등판해 2승 1패 평균자책점 4.43을 기록했다. 타자로는 타율 0.333, 4홈런 12타점의 성적을 올렸다. 흠잡을 데없는 활약으로 아메리칸리그 4월의 신인상을 거머쥐기도 했다. 오타니는 과연 시범경기 때 연막작전을 폈던 걸까?

2012년 시범경기 때 박찬호도 오타니와 비슷했다. 미국, 일본리그를 거쳐 한화 이글스 유니폼을 입고 국내 야구에 첫선을 보인 박찬호는 시범경기 2경기 등판, 8과 1/3이닝 16피안타(2피홈런) 2사사구 5탈삼진 12실점(12자책)의 성적을 남겼다(풀어쓰면 8회 1사까지 잡는 동안 매회 평균 2개의 안타를 두들겨 맞고 총 12점을 내줬다는 얘기다. 9회 정규이닝으로 환산하면 평균자책점이 12.96점에 이른다). 당연히 실망의 목소리가 나왔고 여러 의문부호가 달렸다. 하지만 정규리그에서는 첫 등판(4월 12일 청주 두산전)에서 6과 1/3이닝 동안 4피안타 2실점으로 호투를 보여줬다. 선발투수로서는 합격점을 받을 만한 성적이었다.

이렇게 실력을 어느 정도 검증받은 베테랑은 시범경기에서 전력을 다하지 않는다. 자신의 능력치를 굳이 시범경기를 통해 재증명할 필요가 없기 때문이기도 하고, 시범경기에서 모든 것을 보여주면 정작 정규리그 맞대결에 불리해진다는 걸 알기 때문이다. 투수의 경우 80퍼센트 정도의 컨디션으로 스트라이크 존에서 공 한 개씩, 혹은 반 개씩 빠지게 던지면서 타자들을 실험하기도 하고, 스프링캠프 동안 새롭게 연마한 구질도 실험해 본다. 류중일 LG 감독은 "시범경기에서 투수들이 타자와 상대할 때 평소 안타를 잘 허용했던 공을 일부러 던져서 왜 맞았는지 분석하기가 딱 좋다"고 귀띔했다. 실제로 감독들은 2~3년 차 풀타임 주전이 시범경기에서 1할대 타율을 기록하더라도 그다지 걱정하지 않는다. 이승엽도 "시범경기는 결과보다는 과정을 보는 시기"라고 잘라 말했다.

시범경기에 전력을 다하는 이들

정규리그 개막 전부터 100퍼센트 이상을 쏟아붓는 이들은 보통 신인 혹은 2군 투수다. 감독에게 눈도장을 받기 위해서다. 타자도 마찬가지다. 1군 붙박이 자리가 보장된 것이 아니라면 미친 듯이 방망이를 휘둘러야 한다. '3월 깜짝 스타'가 많이 나오는 이유다. 그러나 시범경기 성적이 그대로 정규리그 성적으로 이어지는 경우는 많지 않다.

2016년 시범경기 때 4할대 타율(0.400)을 뽐냈던 발디리스(삼성 라이온즈)는 정규리그 개막과 동시에 부진에 빠지면서 그해 8월 중도 퇴출됐다. 부상의 여파가 있다고 해도 타율 0.266, 8홈런 33타점은 기대 이하 성적이었다. 2014년 시범경기 타격 1위 정의윤도 비슷했다. 정의윤은 시범경기 동안 타율 0.429를 기록하면서 눈길을 끌었으나 정규시즌 타율(0.283)은 3할에도 못 미쳤다. 2012년 시범경기 동안 타율 0.459의 미친 타격감을 뽐낸 박정권 또한 시즌 타율은 0.255에 불과했다. '시범경기 성적을 믿지 말라'는 이유다.

시범경기 성적이 메이저리그 성공을 보장하지도 않는다. 일례로 2017년 미네소타 트윈스 소속이던 박병호는 시범경기 때 타율 0.353(51타수 18안타), 6홈런 13타점으로 남부럽지 않은 성적을 올렸지만 구단 사정상 메이저리그 개막 엔트리에 들지 못했고 시즌 내내 마이너리그에만 머물렀다.

시범경기 팀 성적 또한 정규리그 성적으로 이어지는 경우는 극히 드물다. 2017시즌 시범경기 1위였던 kt 위즈는 정규리그에서 꼴찌로 내려앉았다. 2016시즌 시범경기 1위 삼성 또한 '본고사'인 정규리그에서는 창단 첫 9위라는 굴욕을 맛봤다. 시범경기 성적으로 일희일비할 필요는 없다는 뜻이다. 진짜 실력은 개막한 뒤에야 알 수 있다. 그저 즐기고 새로운 얼굴에 환호하자. 그것이 시범경기를 즐기는 방법이다.

맥주 한 캔에 세상 다 가진 #프로 집관러

#주말야구.

본격 야구시즌 돌입!

징크스가
뭐길래 (1)

오늘도 어제와 같은 바지다.

"그래도 베이지색 바지가 아닌 게 다행이야."

얼씨구.

"어제는 짜장면 먹다가 옷에 튀었는데 남색 바지여서 티가 하나도 안 나."

헐.

'냄새나겠네.'

부정 탈까 봐 차마 말은 못 한다. 연승이 '유죄'다.

SK 와이번스는 어제까지 3연승을 했다. 연승 분위기를 이어가야 한다며 구단 홍보팀 A 씨는 3일 전부터 계속 같은 바지를 입고 있다. 그나마 속옷은 갈아입고 있는 것을 고마워해야 하는지, 혹은 계절이 여름이 아닌 것을 다행으로 여겨야 할지 감이 안 선다. 남색 바지와 더불어 A 씨는 3일 내내 경기 전 해치우는

(이 표현이 가장 적절하다) 이른 저녁식사 때 짜장면만 먹는다고 했다. 정말 이기고 싶으면 무슨 짓을 못 하랴.

구단이 연승 모드에 돌입하면 구단 직원들도 나름 '승리'했을 때의 일을 반복한다. 마치 의식 같다. 그게 바지일 수도, 신발일 수도, 심지어 속옷일 수도 있다. 누군가는 아침부터 밤까지 전날 있던 일을 똑같이 행한다. 화장실에서 '큰일'을 해결하는 것조차 같은 시간에 한다. 승리에 살고 승리에 죽는 것은 비단 선수와 감독만이 아니다. 사소한 일까지 신경 쓰일 때가 바로 연승, 연패 때다. 넥타이 매는 법은 기본이고 신발을 어느 쪽 발에 먼저 신는지까지 신경 쓰는 배구 감독도 있다. 경기에서 '깨지지 않기 위해' 당일은 달걀 프라이조차 먹지 않는 운동선수도 많다.

엉뚱하지만 무시할 수 없다

프로야구처럼 매일 경기를 치르는 스포츠일수록 엉뚱한, 어떤 때는 생뚱맞기까지 한 믿음이 잘 생긴다. 대표적인 예가 공수 교대 때 파울라인을 밟지 않는 것이다. SK 왼손 에이스 김광현은 이와 관련해 징크스가 아닌 어릴 적 경험에 의한 습관이라는 해석을 내놓았다. "아마추어 때는 선수들이 직접 파울라인을 그려야 해서 라인을 밟으면 선배들이 많이 혼냈거든요. 다시 그려야하니까."

이유야 어떻든 동서고금 막론하고 파울라인은 지금도 '밟아서는 절대 안 될 선'이 돼 있다. 그리고 이런 '믿음'을 깨려 했다가 낭패를 본 선수도 있다.

한때 뉴욕 양키스 에이스였던 멜 스토틀마이어는 이런 믿음이 멍청하다고 생각해서 어느날 의도적으로 파울라인을 밟고 경기에 나섰다. 첫 타자가 그의 정강이를 정통으로 때리는 타구를 날린 것이 그날 불운의 시작이었다. 5연속 안타를 두들겨 맞고 5실점을 떠안은 그는 이후 절대 파울라인을 밟지 않았다고 한다.

프로야구 감독 가운데 징크스에 가장 민감한 사령탑은 김성근 전 한화, SK 감독이었다. 김 전 감독은 노란 팬티만을 입고 경기에 나선 적도 있고, 삼각김밥을 먹고 경기에 승리하자 며칠 동안 삼각김밥만 먹은 적도 있다. 충암고등학교 감독 시절엔 몸이 아파서 진통제를 먹은 날 팀이 승리하자 경기 때마다 진통제를 챙기기도 했다. 몸이 아프지 않은데도 진통제를 먹었으니 말은 다했다. SK 감독일 때 '수염을 깎지 않으면 이긴다'는 징크스 때문에 연승 동안 수염을 길렀고, 팀이 16연승을 하는 바람에 수염이 너무 길어서 영화 〈반지의 제왕〉의 '간달프'처럼 보이기도 했다. 유니폼을 안 갈아입는 것은 늘 있는 일이었고 연패에 빠졌을 때는 무조건 전날과 다른 패턴으로 움직였다.

미신이라고 볼 수도 있지만 그만큼 '이기고 싶다'는 뜻이겠다. 전력에서 밀린다고 판단되면 '우주의 기운'이라도 모으고 싶은 게 사람 마음이니까.

SK의 7연승이 끝나는 날, A 씨는 기꺼이, 아주 후련하게, 남색 바지를 빨래 바구니에 던져 넣었다. 징크스, 그건 다른 말로 '감옥'인지도 모르겠다. 갇히고 싶지 않지만 갇히게 되는 '감옥'.

불운을 굳이,
    테스트할 필요 없지··!

폴짝!

'파울라인'

별별 황당한 부상들

15년 전쯤 일이다.

잠실야구장 더그아웃에서 얘기를 나누던 기자들에게 LG 홍보팀장이 어두운 표정으로 다가왔다.

"(박)용택이가 다쳤나 봐요."

전날까지 멀쩡히 경기에 뛰던 선수라 기자들은 의아스럽게 물었다.

"왜요?"

"그게…"

잠시 뜸을 들인 홍보팀장은 말했다.

"숙소에서 세면대 잡고 팔굽혀펴기를 하다가 세면대가 무너졌나 봐요. 그래서 손가락을 다쳤어요."

순간 기자들 사이에서 폭소가 터져 나왔다. 그중 절반은 "설마 진짜 세면대가 무너졌을까"라며 어이없다는 반응을 보였다.

하지만 홍보팀장의 표정에는 웃음기가 없었다. 팀 내 중심 타자가 어처구니없는 사고를 당해 며칠 동안 경기를 결장해야 하니 그럴 만도 했다. 이후 경기장에서 만난 박용택도 그 사실을 확인시켜줬다.

야구공보다 무서운 '그것'

비단 박용택만이 아니다. 지하철 계단에서 미끄러져 허리 부상을 당한 선수(두산 베어스 맷 랜들)도 있고 택시에서 내리다가 문에 오른손 약지가 껴 살이 찢어지는 바람에 경기에 결장한 경우(히어로즈 마이클 초이스)도 있다. 별의별 부상이 다 생긴다. 2010년 LG 트윈스 외국인 투수 에드가 곤잘레스는 가방 속에서 물건을 찾다가 주머니 밖으로 삐져나온 면도날에 가운뎃손가락 끝을 베어 시범경기 첫 등판일을 미뤄야 했다.

한화 이글스 '전설' 구대성은 더그아웃으로 날아온 방망이에 머리를 맞아 이마를 7cm 꿰맸고, '불사조' 박철순은 광고 촬영 도중 점프를 너무 많이 해서 아킬레스건이 끊어졌다. 야구공을 잘못 밟아 발목이 접질린 일(KIA 타이거즈 김주형)도 있고 빗길에 미끄러져 무릎 인대가 파열된 사례(히어로즈 조상우)도 있었다. 히어로즈 김하성은 2018시즌 도중 깨진 화분을 정리하다가 오른손 손바닥이 찢어져 일곱 바늘을 꿰매는 바람에 부상자 명단에 올랐다. SK 노수광은 순위 싸움이 한창이던 10월 초 휴식일에 계단에서 넘어져 오른손 새끼손가락이 골절되기도 했다.

삼성 라이온즈 심창민은 사직 불펜구장 문을 열고 나오다가 왼쪽 손바닥이 찢어졌으며 최동수는 LG 트윈스 시절 경기 전에 이를 너무 열심히 닦다가 치약이 눈에 튀어서 경기 도중 교체돼 안과로 달려가야 했다. 두산 베어스 김유봉은 샤워실 접이식 의자에 손가락이 끼어 부상을 당하기도 했다.

경기 때 화를 못 참고 애꿎게 분풀이를 했다가 어이없게 다친 경우도 있다. KIA 타이거즈 윤석민은 2010년 팀이 역전패를 당한 데 화가 난 나머지 오른손으로 문학야구장 라커 문을 가격했다가 전치 6주 부상을 입었다. 윤석민의 이탈 속에 KIA는 속절없이 16연패를 당했다. LG 봉중근 또한 블론 세이브 뒤 더그아웃 소화전을 내리치는 바람에 손등을 다쳤다. 글러브를 더그아웃 바닥에 내동댕이치는 데서 멈췄어야 했다.

해외 선수들의 별별 부상

미국 프로야구도 예외는 아니다. 켄드리스 모랄레스는 연장 20회 말 끝내기 만루홈런을 치고 홈플레이트로 껑충 뛰어 들어가다가 다리가 부러졌다. 가장 기분 좋은 순간이 악몽으로 변하는 찰나였다.

더스탠 모와 테리 하퍼는 남을 축하해주려다가 어이없는 부상을 당했다. 모는 팀 동료의 홈런을 축하하려고 더그아웃에서

급히 뛰어나오다가 급소를 다쳐 며칠을 앓아누웠다. 하퍼는 팀 동료와 거칠게 하이파이브를 하다가 어깨가 탈골됐다.

야구장 안 부상만 있는 것은 아니다. 2001년 당시 샌디에이고 파드리스 소속의 투수 애덤 이턴은 DVD 포장지를 과도로 뜯으려다가 실수로 자기 배를 찔러 부상자 명단에 올랐다. 또 2008년 7월 오클랜드 1루수 대릭 바턴은 머리에 6개의 'ㄷ' 자형 의료용 교정못을 박아야 했는데 올스타전 휴식기 동안 얕은 수영장으로 다이빙했다가 바닥에 머리를 부딪쳤기 때문이다. 디트로이트 타이거즈의 구원투수 조엘 주마야는 기타를 치다가 손을 다쳐 2006년 아메리칸리그 챔피언십 시리즈 3경기를 뛰지 못했다.

2009년 시애틀 매리너스 3루수 아드리안 벨트레는 수비 도중 빠른 타구에 사타구니를 강타당했는데 고통을 참고 경기를 계속 뛰다가 결국 부상이 악화됐다. 부상자 명단에 오른 그를 더욱 아프게 한 것은 감독이 그의 '주요 부위' 회복 상태를 매일 언론에 얘기하는 것이었다.

이 밖에도 앤드루 존스는 LA 다저스 시절인 2008년 무릎 뒤쪽에 골프공만 한 사마귀가 생겨서 경기를 뛰지 못했고, 2002년 클리블랜드 인디언스 선발투수 척 핀리는 아내의 폭력으로 인한 멍과 상처 때문에 시즌 첫 등판을 미룰 수밖에 없었다. 앞서가는 구단 버스를 추월하려다가 교통사고를 당해 코가 부러진 선수 (카를로스 페레스)도 있었고, 태닝을 너무 많이 하는 바람에 얼굴에 화상을 입어 경기에 못 나간 선수(마티 코도바)도 있었다.

　매일 경기를 치러야 하는 야구 선수들에게 '몸조심'은 필수다. 자나 깨나 조심해야 할 것은 '불'만이 아니다.

내 얼굴이
포수 미트냐···‼

빡

베어스가
'비어'에서 나왔다고?

애틀랜타 빈이터스(Beaneaters)? 뭔가 어색하다. '콩을 먹는 사람들'이라니. 하지만 한때 애틀랜타 브레이브스(Braves, 용감한 자들)는 빈이터스로도 불렸다. 당시에는 보스턴 기반 팀이었는데 보스턴은 콩 요리가 유명했다. 현재의 '브레이브스'는 미국 원주민 전사를 부르는 '브라보스(Bravos)'에서 따왔다. 그래서 1912년부터 1989년까지는 아메리카 원주민 머리가 그려진 로고를 사용하기도 했다. 1990년부터는 아메리카 원주민이 쓰던 도끼가 대신 쓰이고 있다.

메이저리그 팀명의 유래

피츠버그 원래 앨러게니 시티를 연고지로 한 팀(앨러게니스)이었다. 앨러게니스는 연고지를 피츠버그로 옮기면서 전력 보강을 위해 필라델피아 애슬레틱스 출신의 2루수 루이스 비어바워를 영입했다. 당시 비어바워가 필라델피아 보류선수 명단에 포함돼 있지 않았기 때문에 불법은 아니었지만 필라델피아는 불만을 쏟아냈고 공식적으로 항의하기에 이르렀다. 당시 다른 구단이나 언론 들도 덩달아 '해적 행위(piratical)'라면서 피츠버그를 맹비난했다. 이때부터 피츠버그 뒤에는 '파이리츠'(해적)라는 말이 따라붙었다. '약탈자'라는 속뜻이 숨겨져 있다.

피츠버그 구단은 억울한 마음에 1890시즌에 '이노센츠'(죄 없는 사람들)라는 팀명을 쓰기도 했으나 1891년 구단주가 바뀌면서 아예 '파이리츠'로 팀명을 바꿨다. 하지만 '해적'이라는 말이 주는 부정적 인식 때문인지 1911년에 이르러서야 유니폼에 '파이리츠'라는 말을 새겼다.

LA 다저스 이 팀의 전신은 1880년대 창단된 브루클린 베이스볼클럽이다. 브루클린 베이스볼클럽은 한때 '애틀랜틱스', '로빈스' 등으로 불렸으나 1932년 이후 공식적으로 '다저스'라는 명칭을 썼다. '다저스'는 20세기 초반에 거리의 전차를 이리저리 재빨리 피해 다니는 브루클린 사람들을 지칭했던 말이다.

세인트루이스 처음에는 1899시즌 '퍼펙토스(Perfectos)'로 불렸다. 최고의 선수들을 끌어모은 데서 나온 명칭이었다. 이와 함께 유니폼 색깔도 바꿨는데 한 여성이 이 유니폼을 보고 "카디널(홍관조) 색이 사랑스럽다"고 한 것을 〈세인트루이스 리퍼블릭〉의 윌리 맥헤일 기자가 듣고 다음날부터 '카디널스'라는 표현을 쓰기 시작했다. 세인트루이스는 1900년부터 공식적으로 '카디널스'라는 명칭을 사용했다.

디트로이트 애초 '울버린스'로 불렸으나 1895년부터 '타이거스'(호랑이)로 바꿨다. "오렌지색 유니폼 때문이 아니라 당시 디트로이트 주둔 군대가 남북전쟁 등에서 공을 세우면서 '타이거스'로 불렸고 야구팀이 이를 차용한 것"이라고 메이저리그 공식 누리집(MLB.COM)은 설명한다.

뉴욕 양키스 원래 '하일랜더스'(홈구장이 맨해튼 언덕 위에 있었기 때문)로 불렸지만 명칭이 너무 길어서 '아메리칸스'(내셔널리그에 속한 다른 뉴욕 연고지 팀과 구분하기 위해) 등으로 대체되다가 1904년 〈뉴욕 프레스〉 에디터가 신문 헤드라인 글자 수를 맞추려고 '양키스(Yanks)'로 줄이면서 '양키스'로 불리게 됐다.

클리블랜드 인디언 부족 추장의 손자였던 루이스 소칼렉시스를 기리기 위해 1915년부터 '인디언스'로 명명했다. 백인 선수가 득세였던 1890년대 클리블랜드만이 그를 야구팀에서 뛸 수 있게 해줬다.

뉴욕 메츠 뉴욕 메츠의 '메츠'는 대도시를 의미하는 '메트로폴리탄(metropolitan)'의 약어다. 보스턴 레드삭스나 시카고 화이트삭스는 당시 신었던 양말 때문에 이름이 지어진 경우다.

시카고 컵스 1902년 한 지역 신문 기자가 시카고가 어린 선수들 위주로 구성된 것을 보고 기사에 '컵스'(애송이들)라고 쓴 것이 계기가 됐다. 시카고 컵스는 팀의 스타 플레이어였던 에이드리언 앤슨이 팀을 떠난 1898년부터 1902년까지 시카고 '오펀스'(고아들)로도 불린 바 있다.

한국 프로야구 팀명의 유래

두산 베어스 두산 베어스의 '베어(bear)'는 사실 '비어(beer)'에서 따왔다. 두산 베어스의 전신인 OB 베어스의 모그룹 주력 상품이 OB맥주였기 때문이다. 게다가 당시 OB맥주 병에는 곰 한 마리도 조그맣게 그려져 있었다.

롯데 자이언츠 창단 당시 이름을 고민하다가 야구 명문구단인 미국 프로야구의 샌프란시스코 자이언츠, 일본 프로야구의 요미우리 자이언츠에서 착안해서 '자이언츠'로 지었다.

LG 트윈스 1990년 창단된 LG 트윈스는 원래 버펄로스 등의 팀명을 생각했다. 그러나 '럭키'와 '금성'이 합해진 그룹 태생과 1987년 완공된 럭키금성 그룹의 서울 여의도 사옥이 같은 건물 두 채로 이루어진 쌍둥이 건물이었던 터라 '트윈스'로 명명했다.

히어로즈 2008년 탄생한 '히어로즈'는 선수와 팬 모두가 영웅이라는 의미를 담고 있다.

일상에서도 드러났던 뼛속 팬심…

꼴

꼴 꼴

꺼어

OB팬은 OB!

※ OB맥주가 매각된 현재, 두산 팬들은 어떤 맥주를 마실까?

이승엽,
그는 전설이다

야구가 정말 좋았다. 곱슬머리 박철순을 보면 가슴이 두근거렸고, 덩치 큰 이만수가 홈런을 치고 포효할 때는 친구와 부둥켜안고 소리를 질렀다. 프로에 입단해 이만수와 한방을 썼을 때의 감격이란…. 이승엽은 "시범경기 때 딱 한 번 방을 같이 썼는데 숨도 제대로 못 쉴 정도였어요"라고 말한다.

초등학교 시절 장래희망 칸에는 늘 '야구 선수'라고 적었다. 삼성 라이온즈 어린이회원도 했다. 야구를 반대하는 아버지를 설득하기 위해 단식투쟁(?)까지 감행했다. 왼쪽 팔꿈치가 너무 아파서 4년 넘게 주위 사람들 몰래 동네 약국에서 진통제를 사서 먹고 마운드에 오르면서도 절대 야구공은 놓지 않았다. 이승엽은 말한다. "야구 진짜 재밌지 않아요?"

'국민타자 이승엽'. 현역 시절 어느 누구도 이의를 제기하지 않았다. 하지만 그는 "야구는 나이가 아니라 실력으로 하는 것"

이라면서 은퇴 직전까지도 후배들보다 일찍 야구장에 나와 땀을 흘렸다. 2017년 말 은퇴 뒤 '전설'로 남은 이승엽은 "야구 인생이 어릴 적부터 탄탄대로는 아니었다"라고 말한다.

10대, 아팠고 두려웠다

10대 시절 이승엽의 가장 큰 고민은 부상이었다. 중학교에서 무리했던 탓인지 경북고등학교 1학년 때 허리가 아파서 3개월 동안 야구를 쉬었다. 너무 아파서 잠도 잘 못 자고 걷지도 못했다. 일어설 때마다 옆에서 누군가가 도와줘야 할 정도로 상태가 심각했다. 그래도 3개월의 강제 휴식기 동안 몸무게가 10kg이나 늘어서 타격할 때 힘이 붙었다. "조금 못됐던" 성격도 순하게 바뀌었다.

팔꿈치는 계속 아파서 고등학교 3학년 때까지 경기가 있는 날마다 진통제를 먹었다. 진통제를 먹지 않으면 아파서 던지지를 못했다. 그렇지만 내색은 하지 않았다. 정말 좋아하는 야구를 못하게 될까 싶었다. 그는 프로 입단 직후 팔꿈치 수술을 받았다. 아직도 그의 왼팔은 곧게 펴지지 않는다.

10대 땐 정말 고생이 많았어요. 진짜 '야구를 관둘까'도 싶었죠. 그러다가도 '지금껏 야구만 해왔는데 야구를 관두면 뭐 할까' 싶기도 했어요. 아픈 야구 후배들에게 이 얘기는 꼭 해주고 싶어요. 조금 더 천천히 여유를 가져보라고요. 고등학교 3학년 중반 때 신인 드래프트가 있으니까 여유라는 게 어쩌면 사치일 수도 있어요. 잘못하면 프로 지명을 못 받을 수도 있잖아요. 하지만 야구는 길게 봐야 해요. 포기하지 말고 때를 기다리면서 열심히 노력하다 보면 언젠가 기회는 반드시 올 거예요. 물론 노력하면 분명 성공한다고 장담할 수는 없죠. 그래도 한두 번의 기회는 오니까 그 기회를 잡을 때까지 자신의 야구를 하다 보면 준비가 없던 선수보다 기회를 더 잘 살릴 수 있지 않을까요? 진정한 노력은 절대 배신하지 않는 법이니까요. 늦게 핀 꽃이 오래갈 수도 있잖아요.

20대, 거침이 없었다

"박철순처럼 되고 싶어서" 왼손 투수로 입단했지만 팔꿈치 수술 후 재활 기간에 박승호 당시 삼성 타격코치의 권유로 "울며 겨자 먹기로" 타자로 전향한 게 결국 '신의 한 수'가 됐다. 이승엽은 "그때 타자로 전향 안 했다면 지금쯤 몸무게 100kg이 넘는 중학교 투수 코치가 됐을 것"이라고 말한다.

'외다리 타법'까지 장착하면서 1997년 32홈런으로 최연소 홈런왕에 오르더니 1999년 50홈런 고지(54개)를 정복했다. 2003년에는 세계 최연소(만 26세 10개월 4일)로 통산 300홈런 기록을 달성하며 아시아 시즌 최다 홈런 기록(56개)마저 세웠다. 야구장에는 그의 홈런공을 잡기 위해 처음으로 잠자리채가 등장했다.

프로에 와서 처음 잡은 기회를 놓치지 않았으니까 저는 참 운이 좋았던 것 같아요. '팔꿈치가 다 나을 때까지만 타자를 하자' 싶었는데 공도 멀리 가고 느낌도 좋더라고요. 저처럼 20대에 성공을 거둔 후배들이 많은데 절대 만족해서는 안 된다고 말해주고 싶어요. 아직은 갈 길이 멀다고. 반짝 스타는 언제든지 나올 수 있거든요. 반짝 빛나는 것보다 꾸준한 것이 더 중요하고 (그런 선수가) 더 대단한 선수가 아닐까 생각해요. 최고의 자리를 유지하려면 굉장히 절제된 생활이 필요하고 자기 관리가 절대적으로 필요하거든요. 한순간의 유혹에 빠져 내가 가장 좋아하는 일을 그르칠 수는 없는 거잖아요. 가족도 생각해야 하고. 한 집안의 가장이라는 사실이 제가 야구를 할 수 있던 힘이에요. 야구를 하는 태도도 성숙해지죠. 나 때문에 가족이 욕보게 할 수는 없잖아요.

30대, 희로애락을 경험했다

2004년, 지바 롯데 유니폼을 입고 일본 무대에 도전한 첫해는 험난했다. 스프링캠프 때부터 '내가 왜 왔지?' 싶었고 '집 떠나면 고생'이라는 말도 실감했다. 늘 무대 중앙에만 있다가 벼랑 끝으로 몰렸으니 그럴 만도 했다. 스트레스가 심해서 해가 뜰 무렵에야 잠드는 날이 반복됐다.

그나마 2005년에는 달라졌다. 예비 아빠가 되면서 책임감도 강해졌고 김성근 전 LG 감독이 마침 지바 롯데 인스트럭터(임시로 타격 기술 등을 점검해주는 코치)로 왔다. 김 감독은 "평계를 대지 말고 너 자신을 원망해라. 남에게 절대 기대지 말고 네가 해결해라"라며 이승엽을 채찍질했다.

경기 시작 전과 끝난 후에 혼자서 티배팅(공을 티 위에 올려놓고 치는 것)을 400~500개 했다. 손바닥에서 피가 날 정도로 방망이를 휘둘렀다. 그때도 손에 테이핑을 하고서 연습했다. 김성근 감독은 "당시 이승엽을 심할 정도로 몰아붙였던 이유는 그가 대한민국의 자존심이었기 때문이다. 대한민국 최고 타자가 일본에서는 안된다는 게 싫었다"며 "삿포로에서 시즌 30호 홈런을 쳤을 때 이승엽과 통역을 불러 호텔 방에서 맥주를 마셨는데 울컥해서 눈물이 핑 돌더라. 한국 야구를 살려준 것 같아서 그에게 수고했다고 말해줬다"고 했다.

진짜 야구 인생에서 가장 많은 연습을 했던 게 2005년 같아요. 원정 가서도 호텔 밖에서 스윙 연습을 했으니까요. 첫해 성적이 안 나서 '일본에서는 내가 안 통하는구나' 싶었는데 감독님이 그런 생각을 깨부숴주셨어요. 훈련을 통해서 그동안 야구를 쉽게만 생각했던 것을 반성하면서 초심으로 돌아갈 수 있던 계기도 됐어요. 남들은 일본에서 실패했다고 하지만 저는 그렇게 생각하지 않아요. 야구를 보는 눈이나 실력이 늘었고 야구를 대하는 태도도 정말 프로답게 변했으니까요. 실패했던 해가 너무나도 많았지만 실패했던 경험이라든가 역경을 이겨내는 방법, 그리고 외국 생활을 하면서 사람을 대하는 태도 등 평생 돈 주고도 사지 못할 경험을 했어요. 정말 8년 동안 희로애락의 모든 감정을 느꼈던 것 같아요. 잃은 것도 많고 얻은 것도 많고. 일본 가기 전에는 진짜 제가 최고인 줄 알았거든요. 자만심으로 똘똘 뭉쳐서 일본에 갔지만 한국에 올 때는 모든 것을 일본에 묻어두고 왔어요. 비로소 인간 이승엽으로 완성체가 된 거죠. 야구를 진심으로 대하면서 진짜 어른이 됐고 야구도 더 재밌어졌어요. 그래서 절대 실패한 게 아니에요.

40대, 꽉 차게 여물어 떠나다

이승엽은 20대 때나 40대 때나 똑같았다. 과거의 영광 때문에 베테랑이라고 예우를 받는 것은 싫어했다. 이승엽과 함께했던 류중일 전 삼성 감독(현 LG 감독)은 "이승엽은 베테랑인데도 팀에서 '선배 선수'가 아니라 후배들과 동등한 위치에서 '야구 선수'로 행동했다"고 돌아본다. 이승엽은 "베테랑이 됐다고 후배들에게 내 자리를 넘보지 말라고 하는 것은 권위의식이다. 올라와야 할 젊은 선수들의 길을 가로막고 있다는 느낌도 들지만 후배들에게는 베테랑 선수들을 넘어서야만 프로야구에서 살아남을 수 있다는 마음가짐을 심어주고 싶었다"고 했다.

'전설' 이승엽의 위상을 실감할 수 있던 것은 프로야구 최초로 마련된 '은퇴 투어'였다. 다른 9개 구단이 그가 마지막 원정 경기를 치를 때마다 기념행사를 열어 선수들이 도열한 상태에서 선물 등을 그에게 안겼다. 한국 야구사에 한 획을 그은 이승엽이기에 받을 수 있는 예우였다.

은퇴 때까지 하루하루를 허투루 살지 않았던 이승엽의 프로 23년간 평균 타율은 0.302, KBO리그 최다 기록을 보유 중인 통산 홈런은 467개(일본 시절 포함 626개)다. 통산 홈런 2위가 은퇴한 양준혁의 351개이니 기록은 쉽게 깨지지 않을 것이다. 이승엽은 통산 최다 타점(1498타점), 최다 득점(1355점) 기록 또한 보유 중이다.

야구 선수로서 누릴 수 있던 행복은 매우 커요. 하지만 스타가 되기까지 과정이 너무 힘들었죠. 절제된 삶을 살아야 했고 노력도 무던히 해야 했어요. 그래서 다시 태어난다면 야구 선수가 아닌 평범하게 살아가고 싶기도 해요. 지금은 야구를 뺀 나를 생각할 수 없지만요. 죽을 때까지 야구와 함께 할 거예요. 야구는, 정말 제 사랑이에요.

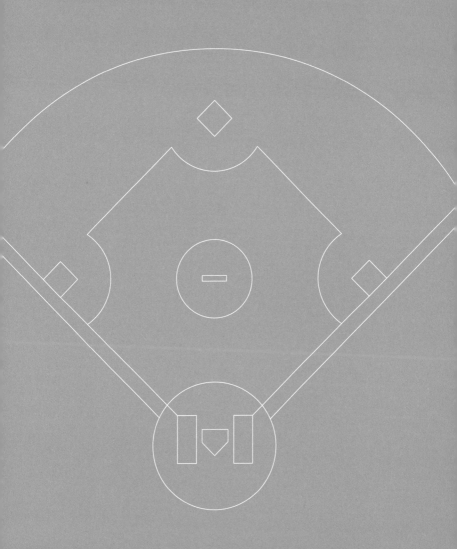

Part 2
100m 달리기 혹은 마라톤

4
월

플레이볼,
주사위는 던져졌다

타순에도 원칙이 있다

경기 시작 1시간 전, 라인업(타순)이 전광판에 뜬다. 감독들은 경기 전 더그아웃에서 기자들과 인터뷰를 하면서 그날의 라인업을 설명한다. 요즘은 구단 SNS 등을 통해 라인업을 알리는 경우도 있다.

'믿음의 야구'로 경기 라인업을 고정하는 감독이 있는가 하면 경기 때마다 라인업을 조정하는 감독도 있다. 일례로 2017시즌 동안 SK 트레이 힐만 감독은 141개의 라인업을 짰다. 시즌 144경기를 치르는 동안 네 차례를 제외하고는 같은 라인업이 없었다는 뜻이다.

반면 2017시즌 정규리그 및 한국시리즈에서 우승한 KIA의 김기태 감독은 98개의 라인업을 선보였다. 부상, 부진 등의 원인을 고려하면 비교적 붙박이 타순을 유지했음을 알 수 있다.

타순을 짜는 데도 기본 원칙은 있다. 단순하게 1~2번은 밥

상(득점 기회)을 차린다는 의미에서 테이블 세터, 3~5번은 주자를 홈으로 불러들여 베이스를 비운다는 뜻으로 클린업 트리오, 7~9번은 하위 타순이라고 일컫지만, 세부적으로 살펴보면 타순에는 득점을 효율적으로 뽑아내기 위한 과학이 숨겨져 있다.

힘 있고 장타력을 갖춘 타자로만 1~9번 타순을 채운다고 해서 승리가 보장되는 것은 아니다. 감독은 점수를 내기 위해 발이 빠르거나 출루율이 높거나 힘이 세거나 하는 고유 특성이 있는 선수를 적시적소에 배치하려고 머리를 싸맨다. 타순 짜기에 실패하면 잔루만 켜켜이 쌓이는, '고구마 잔뜩 먹은' 소화불량 야구만 하게 된다.

1번 타자 '리드오프'로 불리는 1번 타자는 발이 빠르고 방망이 컨트롤이 좋으며 출루율이 높은 선수가 우선 고려된다. 선구안이 좋아서 볼넷을 잘 고를 줄도 알아야 한다. 왼손 타자라면 더욱 금상첨화다. 타석이 1루 베이스와 가까워 내야안타를 생산해낼 가능성이 높다. 공 1~2개 정도를 볼 줄 아는 침착성도 필요하다. 1회 선두 타자로 나와 초구에 공을 때리는 건 후속 타자들이 상대 선발투수의 컨디션을 가늠할 기회를 날려버리는 것과 같다.

2번 타자 과거 감독들은 희생번트를 잘 대거나 치고 달리기 등의 작전 수행 능력이 좋은 선수를 2번 타자로 기용했다. 톱타자와 중심 타선을 연결하는 징검다리 역할을 하면서 주자를 스코어링 포지션(득점권)으로 보내는 것이 2번 타자의 임무였다. 1번 타자가 출루할 경우 1루수가 1루 베이스에 가까이 붙는 것을 고려해 왼손 2번 타자를 선호하기도 했다. 1·2루 사이 공간이 넓어져 타구가 안타가 될 가능성이 커지고, 타구를 1·2루 간으로 보낸다면 1루 주자를 3루까지 진출시킬 확률도 높아지기 때문이다. 일반적 타법(당겨치기)으로 친다면 왼손 타자의 타구는 보통 1·2루 사이, 오른손 타자의 타구는 2·3루 사이로 간다.

하지만 타고투저의 리그 상황에서는 클린업 못지않은 '강한 2번 타자'가 선호된다. 희생번트 등으로 아웃 카운트를 하나 버리는 것보다 적극적인 공격으로 다득점 기회를 만드는 게 중요해졌다. 2번 타자는 타석에 설 기회가 많다는 점도 고려된다.

3~5번 클린업 트리오가 아주 막강한 팀이라면 마운드의 상대 투수는 2번 타자를 출루시키지 않기 위해 적극적으로 승부를 걸 것이다. 감독은 이를 거꾸로 이용하기도 한다. 2000시즌 최다 안타 1위를 기록했던 두산 장원진은 '강한 2번 타자'의 상징이었다. 메이저리그에서는 마이크 트라웃이나 2017시즌 아메리칸리그 홈런왕 애런 저지 등이 클린업 트리오만큼 강한 2번 타자로 자리매김했다.

3번 타자 팀에서 방망이를 가장 잘 치는 타자가 맡는다. SK 홈런왕 최정, 두산에서 LG로 유니폼을 갈아입은 김현수가 3번 타자의 좋은 예다. 4·5번으로 이어주는 연결고리 역할을 하기 위해 OPS(출루율+장타율)가 높은 선수가 3번 타자로 선호된다.

4·5번 타자 4번 타자는 주로 팀 내에서 가장 장타력이 우수한 선수가 배치된다. 워낙 임팩트가 커서 타자 하면 '4번 타자', 투수 하면 '에이스'가 떠오른다. 4번 타자라면 타점 생산력이 높아야 한다. 무사나 1사 3루에서 큼지막한 외야 희생뜬공 정도는 날릴 수 있어야 한다.

4번 타자는 5번 타자의 능력에 따라 성적이 달라지는 경향이 있다. 5번 타자가 평균치의 타자라면 상대 투수는 굳이 4번 타자와 적극적으로 승부할 이유가 없다. 1루가 비어 있는 상황에서, 또 맞닥뜨린 실점 위기에서 볼넷을 내줘도 괜찮다는 마음으로 스트라이크 존을 살짝 빠지는, 즉 타자가 때려도 내야땅볼밖에 안 되는 나쁜 공을 던져 4번 타자를 현혹할 수 있다. 하지만 5번 타자가 4번 타자만큼 힘 있는 타자라면 4번 타자에게 스트라이크를 던질 수밖에 없다. 자칫 대량 실점의 위기를 자초할 수 있기 때문이다. 그래서 5번 타자도 4번 타자만큼 중요하다.

6·7번 타자 클린업에는 못 미치지만 타순에서 나름의 역할을 하는 선수들이 이름을 올린다. 이승엽의 경우 일본 진출 전에는

삼성에서 3번 타자를 주로 맡았지만 류중일 감독 시절에는 6번 타순에 배치됐다. 류 감독은 이승엽의 부담을 덜어주는 동시에 그가 중심 타순과 하위 타순의 연결고리 역할을 해주기를 기대했다. 이승엽은 류 감독의 바람대로 '경계해야 할 6번 타자'의 면모를 보여줬다. 감독들은 3·4번 타자가 슬럼프에 빠졌을 때 6번 타순으로 내려 컨디션을 점검할 기회를 준다.

8·9번 타자 주로 공격보다 수비 부담이 많은 선수들이 기용된다. 포수나 유격수가 그들이다. 지명타자 제도가 없는 메이저리그 내셔널리그에서는 9번에 주로 투수가 배치된다. 류현진도 9번 타순에 타석에 들어서곤 한다. 한국은 수비형 유격수가 보통 9번에 이름을 올린다. 그들은 1점을 내는 데는 보탬이 되지 못할지라도 1점을 막는 데는 아주 중요한 역할을 한다.

상대 선발투수에 따라서도 타순을 조정한다. 좌완 투수라면 우타자 위주로, 우완 투수나 언더핸드, 사이드암 투수라면 좌타자 위주로 라인업을 짠다. 타격 위치에 따라 투수들의 공이 잘 보일 수도, 잘 보이지 않을 수도 있기 때문이다.

두산 김태형 감독은 2018년 4월 21일 잠실야구장에서 열린 KIA전에 전부 좌타자(좌우 양쪽으로 치는 게 가능한 '스위치히터' 국해성 포함)만 배치하는 파격적인 라인업을 선보이기도 했다. KIA

선발이 옆으로 던지는 사이드암 투수(임기영)임을 고려한 결과다. 좌타 일색의 라인업은 한국 프로야구 역사상 최초의 일이었다.

결국 타순의 목적은 단 하나다. 점수를 낼 만할 때 점수를 내서 이길 수 있는 최선의 조합을 끄집어내는 것. 이 목표를 위해 감독들은 매일 퍼즐 맞추듯 타순을 짠다.

투수,
치고 달리다

랜디 울프는 순간 허둥댔다. 메이저리그에서 데뷔한 지 10년 만에 경험하는 챔피언십시리즈. 더그아웃에 앉아 있던 그에게 조 토레 당시 LA 다저스 감독은 대주자로 나갈 것을 지시했다. 울프가 야수였다면 지극히 정상적인 장면이다. 하지만 그는 투수였다.

상황은 이랬다. 2009년 10월 열린 내셔널리그 챔피언십시리즈 1차전에서 다저스는 6회말 2사 1·2루 공격까지 필라델피아에 4 대 5로 뒤지고 있었다. 투수 대신 타석에 들어선 대타 짐 토미가 볼넷으로 출루하자 토레 감독은 대주자가 필요했다. 야수를 대주자로 기용하면 곧바로 7회초 수비에서 투수로 교체해야 하기 때문에 야수 자원을 아끼기 위해 4차전 선발투수로 내정된 울프를 대주자로 내보낸 것이다.

전혀 준비가 되어 있지 않았던 울프는 더그아웃에서 스파이크를 찾느라 한동안 부산을 떨어야 했다. 비록 후속 타자가 내야 땅볼을 치는 바람에 김이 샜지만, 울프는 2루까지 전력 질주하는 '대주자다운' 모습을 보여줬다.

대주자, 그라운드를 달리는 투수

메이저리그에서 투수가 대주자로 나오는 것이 아주 낯선 장면은 아니다. 아메리칸리그처럼 지명타자 제도를 시행하지 않아 투수도 타석에 서는 내셔널리그에서는 더욱 그렇다. 선수 엔트리는 제한적이기 때문에, 그날 등판 계획이 없는 투수들을 적극적으로 활용하는 것이다. 그러나 이런 '작전'이 잘못된 선택이 되기도 한다.

2016년 8월 8일 보스턴 레드삭스와 LA 다저스의 인터리그 경기 때다. 레드삭스가 3 대 5로 뒤진 6회초 2사 1·2루 상황에서 2루 주자 데이비드 오티즈가 나가고 이틀 전 선발투수로 등판했던 스티븐 라이트가 대주자로 들어섰다. 오티즈보다는 라이트의 발이 빠르리라는 존 패럴 감독의 판단이었다. 그러나 감독이 간과한 것이 있었으니, 라이트가 대학생 때인 2004년 이후 단 한 번도 주자로 뛰어본 적이 없다는 사실이었다.

라이트는 다저스 투수 조 블랜턴의 견제 동작에 급하게 슬라이딩으로 2루로 귀루하려다 그만 어깨를 다쳤다. 후속 타자 또한 삼진으로 물러나며 팀은 추가 점수를 얻지 못했다. 게다가 라이트는 이때 당한 어깨 부상으로 15일 부상자 명단에 올랐으며 이후 두 차례 선발로 등판하긴 했으나 어깨 통증이 재발하면서 시즌을 접어야 했다.

결국 대주자로 기용되기 전까지 13승 5패 평균자책점 3.01로 승승장구하며 데뷔 후 최고 시즌을 보내던 라이트 개인으로나 팀으로나 막대한 손해였다.

한국 야구에서는 2017시즌까지 36차례 투수가 야수를 대신해 대주자로 출전한 사례가 있다. 대부분 8회 이후 야수 자원이 부족할 때 나온 임기응변식 기용이었다. 한국은 투수가 타석에 서지 않기 때문에 투수가 마운드가 아닌 누상에 있는 것 자체가 색다른 볼거리다. 임창용, 장원준, 조웅천도 대주자로 나섰던 적이 있다. 롯데 자이언츠는 투수 2명을 한 이닝에 대주자로 연속 투입하기도 했다. 2015년 7월 3일 사직 SK전 연장 12회말에 투수인 박세웅과 이정민이 1·2루에 나란히 선 장면이 연출됐던 것이다. 중학교 때 이후 4년 만에 주루 플레이를 선보였던 박세웅은 후에 "(투수일 때) 무사 만루에서 박병호(히어로즈) 선배를 만나는 것보다 훨씬 긴장됐다"고 말하기도 했다.

결승타, 끝내기 안타를 치는 투수

대주자에 그치지 않고 투수가 타석에 서서 결승 타점을 올린 경기도 있었다. 2017년 8월 22일 문학 두산-SK전에서 두산 김강률은 8회말 투수로 등판했다가 9회초 2사 1·2루에서 타석에까지 섰다. 지명타자였던 닉 에반스가 수비 위치 조정 때 3루수로 들어가면서 지명타자가 사라졌기 때문이었다. 김강률은 SK 투수 백인식을 상대로 우중간 적시타를 때려냈다. 같은 해 7월 21일 대구 LG-삼성전에서는 LG 투수 정찬헌이 연장 11회초 2사 만루에서 타석에 나가 2타점 결승 적시타를 뽑아냈다. 정찬헌은 승리 투수인 동시에 승리 타점까지 기록한 선수가 됐다.

투수가 대타로 나와 끝내기 안타를 친 기록도 있다. 2001년 6월 3일 청주 LG-한화전, 7 대 7 동점이던 9회말 1사 2·3루에서 한화가 대타로 뽑아 든 카드는 송진우였다. 지명타자가 사라지며 9번 타자에 이름을 올리고 있던 투수 워렌을 대신한 대타였다. 쓸 수 있는 야수 카드가 소진되어 더는 선택의 여지가 없었다. 아마추어 시절 중심 타자로 활약했던 송진우는 LG 마무리 투수 신윤호를 상대로 끝내 옛 감각을 되살려냈다. 볼카운트 0(볼)-2(스크라이크)에서 시속 144km짜리 속구를 두들겨 1루수 키를 넘기는 끝내기 안타를 기록했다.

송진우가 기록한 투수 끝내기 안타는 역대 두 번째지만, 나머지 하나는 유격수였던 김재박이 연장전에서 팀 사정상 잠깐 투수로 등판했다가 기록한 것이라 투수 전문이 경기를 매조지하는 안타를 때려낸 것은 송진우가 유일하다고 할 수 있다. 끝내기 안타를 친 송진우의 소감은 "끝내기 안타를 1승으로 쳐줄 수 없느냐"였다.

　투수를 대주자 혹은 대타로 기용하는 것은 점점 지양되는 추세다. 자칫 누상에서 열정이 과했다가 어깨나 발목 등을 다칠 수 있기 때문이다. 라이트처럼 단 한 번의 슬라이딩으로 커리어하이 시즌을 망쳐버릴 수도 있다. 팀에 필요한 것은 투수의 '팔'이지 '발'이 아니다.

MLB
갈까, 말까?

몇 년 전의 일이다. 회사 선배가 물었다.

"○○고등학교의 △△△ 투수가 MLB로 갈까 말까 고민하는데 어떻게 해야 할까?"

나의 답은 이랬다.

"일단 국내 리그에서 경험을 쌓고 나중에 메이저리그 진출을 노리는 게 낫지 않을까요? 류현진처럼."

좁디좁은 아메리칸 드림의 문

숫자는 거짓말하지 않는다. 고교 졸업 후 곧바로 미국 야구에 진출했을 때 성공 확률은 안타깝게도 한 자릿수에 불과하다. 2009년 국내 아마추어야구에는 미국행 바람이 거세게 몰아쳤다. 최지만(시애틀 매리너스, 42만 5000달러)을 비롯해 나경민(시카고 컵스, 72만 5000달러), 신진호(캔자스시티 로열스, 60만 달러) 등

고졸 선수 8명이 미국 프로야구로 진출했다. 역대로 가장 많은 고교생이 메이저리그 구단과 계약한 해였다.

하지만 이들 중 최지만만 2016년 LA 에인절스 소속으로 빅리그에 데뷔했다. 2008년에는 6명이 미국 구단과 계약했지만 그중 누구도 빅리그 데뷔를 이루지 못했다. 용마고등학교 출신 하재훈은 2015년 시카고 컵스에서 방출된 뒤 일본 프로야구 야쿠르트 스왈로스에 이어 독립리그에서 뛰었고, 하재훈과 함께 미국에 진출한 이학주(샌프란시스코 자이언츠) 또한 마이너리그를 전전했다. 이들은 모두 2019 KBO리그 신인 드래프트에 신청서를 내고 뒤늦게 국내 구단에 입단했다.

2008~2009년에 메이저리그 구단과 계약했던 아마추어 선수 14명 중 빅리그 데뷔의 꿈을 이룬 선수는 결국 최지만 단 1명이다. 기간을 더 넓혀 보면 어떨까? 2000년 이후 제2의 박찬호를 꿈꾸며 한국 프로야구를 거치지 않고 미국 무대로 진출한 아마추어 선수는 총 36명(한국야구위원회 자료 참고)이었는데, 이 가운데 메이저리그 무대를 밟은 선수는 최지만을 포함해 추신수, 류제국(현 LG 트윈스) 등 3명밖에 없다. 아메리칸 드림을 꿈꾸며 태평양을 건너지만 성공의 길은 매우 좁다.

선수들의 미국행이 주춤한 이유

2010년부터 2017년까지 미국 구단과 계약한 아마추어 선수는 '제2의 데릭 지터'를 꿈꾸는 박효준(2014년) 등 4명이다. 한 스카우트는 "2010년부터 2017년까지는 국내 아마추어야구 침체기로 미국 구단에서 관심을 보일 만한 선수가 적었다"고 이유를 분석했다.

또 미국 구단의 분위기가 고졸보다는 비교적 경험이 많은 대졸을 선호하는 쪽으로 바뀐 것도 한몫한다. 〈USA 투데이〉에 따르면 2012년 신인 드래프트의 55퍼센트를 차지했던 고졸 선수 비율은 2013년 45퍼센트, 2014년 35퍼센트 등으로 점점 줄고 있다. 미국 고교야구 누리집은 "전체 고졸 야구 선수 중 메이저리그 구단에 지명받을 확률은 0.5퍼센트뿐"이라는 통계를 내놓기도 했다.

아마추어 선수와 부모의 인식이 달라진 것도 이유 중의 하나다. 2008~2009년 미국 진출 선수들에 대한 학습효과 때문이다. 아마추어로 미국에 진출했을 때 성공 확률이 급격히 떨어진다는 것을 이제는 잘 안다. 언어 장벽과 입대 문제도 있다. 해외파는 병역 혜택을 받을 수 있는 아시안게임 국가대표에 잘 뽑히지 않는다. 아시안게임이 메이저리그 시즌 중에 열리는 것도 걸림돌이 된다.

마이너리그를 전전하고 국내로 유턴했을 때 2년간 유예기간을 거쳐야 하는 등 감내해야 할 손해도 만만찮다. 고교 동기가 9시즌을 채워 27~28세에 FA 계약으로 수십억 원의 목돈을 만질 때 최저연봉(2700만 원, 2018년 기준)을 받고 국내 무대에 데뷔해야 할 수도 있다.

또 류현진, 오승환, 강정호, 김현수, 황재균, 박병호 등 국내 야구를 먼저 거치고 미국 무대로 진출했던 선수들의 사례도 본보기가 되었다. '국내 야구에서 성공한 뒤 미국으로 진출하자'는 의식이 형성되고 있는 것이다.

한국이든 미국이든 결과보다는 과정

2018년 신인 드래프트에 참가하지 않고 미국 진출을 택한 배지환(경북고등학교 졸업)처럼, 이 모든 우려에도 꿈의 무대에 도전하는 선수는 꾸준히 나오고 있다. 물론 미국 구단과 계약하고 최소 5년은 언어와 문화가 낯선 곳에서 가시밭길을 걸어야 하겠지만, 박찬호와 추신수도 그런 과정을 통해 빅리그에서 데뷔하고 성공한 것을 생각하면 해볼 만한 도전이다.

그렇다면 처음에 언급한 아마추어 선수는 어떻게 되었을까? 미국 진출을 포기하고 국내 리그 구단 지명을 받은 그는 3년 차부터 두각을 나타내며 당당히 선발 한 자리를 꿰찼다. 아시안게임 금메달로 병역 혜택까지 받았다. 그는 아직 스물두 살(2019년 기준)이다. 미국 무대로 나아갈 기회는 앞으로도 계속 있을 것이다. 결국, 결과물보다는 과정이다.

구분	동부지구	중부지구	서부지구
내셔널리그 (NL)	워싱턴 내셔널스	신시내티 레즈	샌프란시스코 자이언츠
	애틀랜타 브레이브스	세인트루이스 카디널스	LA 다저스
	필라델피아 필리스	밀워키 브루어스	애리조나 다이아몬드백스
	뉴욕 메츠	피츠버그 파이리츠	샌디에이고 파드리스
	마이애미 말린스	시카고 컵스	콜로라도 로키스
아메리칸리그 (AL)	뉴욕 양키스	디트로이트 타이거스	오클랜드 어슬레틱스
	탬파베이 레이스	시카고 화이트삭스	텍사스 레인저스
	토론토 블루제이스	캔자스시티 로얄스	LA 에인절스
	보스턴 레드삭스	클리블랜드 인디언스	시애틀 매리너스
	볼티모어 오리올스	미네소타 트윈스	휴스턴 애스트로스

추신수, 류현진이
똑같이 42번을 다는 날

해마다 4월 15일(현지 시각)이면 메이저리그 그라운드에는 온통 '42번'만 보인다. 추신수도 류현진도 이날은 42번을 달게 된다. 30개 구단 감독과 코치도 마찬가지다. 심지어 양말이나 스파이크에까지 42번을 새겨 넣는 선수들이 있다.

42번은 메이저리그 최초의 흑인 선수인 재키 로빈슨이 등에 달았던 번호다. 메이저리그에서 유일하게 30개 구단 전체에서 영구결번으로 정한 유니폼 번호이기도 하다. 그래서 평소에는 메이저리그 경기에서 절대 볼 수 없는 등번호가 42번이다.

모두의 번호, 42번의 유래

2004년 메이저리그 사무국은 로빈슨이 처음 흑백의 장벽을 허물었던 4월 15일을 기념일로 정했고, 2009년부터는 메이저리그에서 뛰는 모든 선수가 이날 42번을 단다. "메이저리그 최고 타자는 베이브 루스지만 최고 영웅은 재키 로빈슨"이라는 말은 그냥 있는 게 아니다.

1919년 조지아주 목화농장 소작인의 아들로 태어난 로빈슨은 흑인들만 뛰는 니그로리그에서 활약하다가 1947년 4월 15일 브루클린 다저스 유니폼을 입고 메이저리그에 전격 데뷔했다. 당시 메이저리그는 백인의 전유물로 여겨졌기에 로빈슨의 등장은 상당한 문화충격이었다. 동료 선수들이 출전을 거부하기도 했고, 원정 숙소에서 쫓겨난 적도 있었다. 로빈슨은 온갖 편견과 멸시를 극복하고 내셔널리그 신인왕을 차지했고, 1949년에는 타격왕에 오르며 최우수선수(MVP)에도 뽑혔다.

메이저리그의 흑인 선수들

로빈슨이 어렵게 장벽을 무너뜨렸지만 메이저리그 흑인 선수 비율은 점점 줄어들고 있다. 1986년 정점(19퍼센트)을 찍은 뒤 하락세에 접어들었다. 로빈슨이 지하에서 통곡할 일이다.

메이저리그 개막전 엔트리에서 흑인 선수의 비율은 2013년 7.8퍼센트, 2014년에는 8.3퍼센트에 불과했다. 1950년대와 비슷한 수치다. 1972년부터 1996년까지는 최소 16퍼센트 이상이었다. 라틴계와 아시아권 선수의 유입(2014년 기준 외국인 선수 비율은 26.1퍼센트)도 감소 이유 중 하나겠지만, 미국프로농구(NBA) 76퍼센트, 전미풋볼리그(NFL) 66퍼센트(이상 2013년 기준)와 뚜

렷하게 대비된다.

〈뉴욕타임스〉, 〈USA 투데이〉, 〈허핑턴포스트〉 등 현지 언론은 흑인 야구 선수 감소에 경제적, 문화적 이유를 댄다. 방망이, 글러브, 헬멧 등 유소년 야구 장비는 총 480.94달러(50만 원)가 드는 반면 미식축구는 313.97달러(32만 원), 농구는 95달러(10만 원)밖에 안 든다. 대학 장학제도도 야구 선수에게는 불리하다. 대학 1부리그 소속 야구 선수의 11.7퍼센트만 부분 장학금을 받는 반면, 미식축구는 85퍼센트, 농구는 13퍼센트가 전액 장학금 혜택을 받는다. 대부분 저소득층 출신인 흑인 스포츠 선수들이 어릴 적에 야구를 하다가도 고등학교 때는 미식축구 등으로 전향하는 이유다.

문제가 심각함을 인지한 메이저리그 사무국은 2013년부터 전문위원회를 두어 흑인 선수 비율을 높이는 방안을 강구하고 있다. 메이저리그 구단과 연계된 야구 아카데미를 늘리고, 코칭 시스템을 향상시키며, 아마추어 선수들을 상대로 한 마케팅을 강화하려는 노력이 진행 중이다. 특히 경제적 이유로 야구를 포기하는 아마추어 흑인 선수들을 구제한다. 재키 로빈슨이 어렵게 열어젖힌 메이저리그의 문이 후대에 닫히는 일은 없어야 하기 때문이다.

야알못 탈출! ▶ 한 자료에 따르면 재키 로빈슨에 앞서 1879년 6월 21일 윌리엄 에드워드 화이트라는 흑인 선수가 내셔널리그에서 한 경기를 뛴 적이 있다. 단 한 경기뿐이었기 때문에 한 시즌을 전부 소화한 재키 로빈슨을 메이저리그 첫 흑인 선수로 칭한다.

애증을 듬뿍 담은 별명 열전

문제 : 다음은 누구의 별명일까?

① 우리차 ② 로맥아더 ③ 금강불괴 ④ 람보르미니 ⑤ 유희왕
⑥ 늡동 ⑦ 딸기 ⑧ 동미니칸 ⑨ 백쇼 ⑩ 니느님 ⑪ 왕거지 ⑫ 희
나리 ⑬ 무한준 ⑭ 참치 ⑮ 마그넷 정

10명 이상 맞혔다면 프로야구 '마니아'임을 인정한다. 국민타
자(이승엽), 양신(양준혁), 바람의 아들(이종범), 야생마(이상훈), 조
선의 4번 타자(이대호), 돌부처(오승환) 등 비교적 익숙한 별명에
서 더 나아가 무릎을 탁 치게 만드는 별별 이색 별명들이 몇 년
사이 등장하고 있다.

'우리차'는 차우찬(LG)의 별명이다. 2016년 자유계약(FA) 시
장에서 그를 영입하기 위해 원소속팀 삼성과 LG가 맞붙었는데
경쟁 끝에 LG가 승자가 되면서 LG 팬들은 '우리 차우찬'이라고

주장할 수 있게 됐다. '로맥아더'는 짐작대로 엄청난 파워를 자랑하는 SK 외국인 타자 제이미 로맥을 일컫는다. SK 연고지가 인천임을 반영해 인천상륙작전을 폈던 맥아더 장군에서 착안한 별명이다.

'금강불괴'는 최형우(KIA)다. 신인왕에 올랐던 2008년 이후 한 시즌도 거르지 않고 꾸준하게 110경기 이상을 소화한 데서 나온 별명으로, 금강불괴(아주 견고해서 좀처럼 깨지지 아니함)처럼 몸이 튼튼하다는 뜻이다.

'람보르미니'는 '람보르기니+박해민(삼성)'을 줄인 말이다. 스포츠카(람보르기니)처럼 빠르다는 의미다. '유희왕'은 평소 엄청난 입담을 뽐내며 유쾌한 이미지를 뿜어내는 두산 유희관이다. '동미니칸'은 한동민(SK)이 도미니카 선수처럼 엄청난 파워를 뽐낸다는 뜻에서, '니느님'은 두산, kt 등에서 활약한 외국인 투수 더스틴 니퍼트와 하느님을 합친 말이다. 니퍼트는 그 별명처럼 한때 압도적인 존재감을 뽐낸 바 있다. '백쇼'는 '백정현(삼성)+커쇼(LA 다저스)'를 줄인 말이다.

2015시즌까지 마산야구장 다이노스 카페에서는 '이재학'이라는 메뉴를 주문하면 딸기주스가 나왔다. NC 투수 이재학의 별명이 '딸기'이기 때문이다. 투구 수가 많아지면 이재학의 볼이 빨개지는 데 빗대 만들어진 별명이다. 이후 '이재학' 메뉴가 사라지고 '민우에게 바나나'라는 메뉴가 새롭게 생겼다. 박민우(NC)

가 바나나 우유를 좋아하는 데서 따왔다. '왕거지'는 NC 포수 김태균을 지칭한다. 김태균이 어느 인터뷰에서 "투수는 귀족, 외야수는 상인, 내야수는 노비, 포수는 거지"라는 표현을 썼던 것이 유래다.

NC 구창모의 별명은 동명의 가수 이름 때문에 '희나리', 히어로즈 박동원 역시 이름 때문에 별명이 '참치'다. kt 유한준은 '실력은 무한'이라는 팬들의 열망이 반영돼 '무한준'으로도 불린다. 한화 김태균은 별명 부자여서 아예 '김별명'이라는 별칭을 갖고 있다. 김태균이 어떤 행동을 하면 그대로 별명이 된다. '김꽈당', '김홈런' 등이 그렇다.

그렇다면 '눕동(님)'은 누구일까. 바로 KIA 김기태 감독이다. 2015년 4월 15일 잠실 LG전에서 김기태 감독이 LG 문선재의 주루 이탈을 주장하면서 그라운드에 누웠던 데서 따온 별명이다. '눕다'와 '감독님'(발음상 '감동님')을 줄인 것으로 보면 된다. SK 팬들이 힐만 전 감독을 '힐동'으로 불렀던 것도 마찬가지 이유에서다.

이 밖에도 최정(SK)은 유난히 공을 많이 맞는다고 해서 '마그넷 정', 홈런군단 팀을 이끈다고 해서 '홈런공장 공장장'으로도 불린다. LG 유격수 오지환은 어이없는 실책 혹은 극적인 플레이로 경기를 지배한다고 해서 '오지배'라는 별명을 갖고 있다.

"끝날 때까지 끝난 게 아니다" 등 수많은 야구 명언을 남긴 요기 베라도 실제 이름은 로렌스 피터 베라다. 어릴 적부터 친구였던 보비 호프먼이 베라의 행동이 요가 자세의 힌두교 수행자처럼 보인다며 '요기'라는 별명을 붙여줬고 지금은 '요기 베라'로 더 많이 불린다. 안성맞춤인 별명처럼 팬들에게 친근하게 다가설 수 있게 하는 것도 없는 듯하다.

야알못 탈출! • 여러 팀을 한데 지칭하는 별명도 있다. 한때 인기는 최고지만 성적은 바닥권이었던 세 팀을 묶어 '엘롯기 동맹'(LG·롯데·KIA)이라고 칭했다. 2015년에는 여기에 더해 '헬로키티'가 등장했다. '엘롯기'에 10구단 kt가 연결돼 '엘로키티'가 됐고 나아가 일본 캐릭터인 '헬로키티'로 자리 잡은 것이다. 네 팀은 2015시즌 전반기에 하위권을 전전했다. 2017시즌에는 'SNS 동맹'이 생겼다. 개막 직후 삼성(S), 넥센(N), SK(S)가 함께 연패에 빠지는 등 동반 부진한 데 따른 것이다. 그러나 넥센 히어로즈가 2019시즌부터 키움 히어로즈가 되면서 SNS 동맹은 사라지게 됐다.

5월

초록 그라운드가
만들어낸 가족

한 지붕 두 가족,
두산과 LG

　잠실야구장 내 구내식당. 점심시간에 이곳은 레드와 네이비 두 공간으로 나뉜다. 한쪽에는 네이비 점퍼를 입은 두산 베어스 직원들이, 다른 한쪽에는 레드 점퍼를 입은 LG 트윈스 직원들이 자리를 차지하고 있다. 두 색깔이 섞이는 경우는 거의 없다. 같이 또 따로, 이들은 점심과 저녁을 먹는다. 잠실야구장 1루 쪽에는 두산 베어스 사무실이, 3루 쪽에는 LG 트윈스 사무실이 있어서 그렇다. 그 가운데는 잠실야구장을 공동으로 관리하는 사무실이 있다. 이를테면 중립지역이라고 할까? LG와 두산에서 번갈아가며 실무자를 파견한다.

　LG 트윈스와 두산 베어스, 1986년부터 지금껏 잠실야구장을 사이좋게 나눠 쓰고 있는 두 구단은 KBO리그 최고 맞수로 통한다. 두 팀은 1996년부터 5월 5일 어린이날이면 맞붙고 있는데 이날만 되면 긴장감이 팽팽하다. 두 팀 간 어린이날 전적은

2018년 기준 13승 9패로 두산이 앞선다.

한 지붕 두 가족의 시작

두 팀이 국내 프로구단 중 유일하게 한 야구장을 나눠 쓰고 있는 연유는 1982년 프로야구 출범 시기까지 거슬러 올라간다. 프로야구는 1905년 필립 질레트가 국내에 야구를 선보인 지 77년 만에 태동했지만 출범 초창기에는 야구단을 창설할 기업을 찾는 게 어려웠다. 맨 처음 참여 의사를 나타낸 기업은 MBC, 삼성, 롯데 등 세 곳밖에 되지 않았다.

MBC는 독자적으로 프로야구단을 창단하려 계획하고 있던 터라 1순위로 창설 의사를 밝히면서 알짜배기인 서울 지역을 품었다. 롯데는 부산, 삼성은 대구와 짝짓기를 성공했는데 인천과 대전이 문제였다.

인천 지역을 맡을 기업으로 프로야구 출범 준비 팀이 맨 처음 접촉한 곳은 현대였다. 하지만 고 정주영 현대 회장은 88올림픽 유치에 분주해서 프로야구 출범에는 전혀 관심이 없었다. 그때쯤 두산이 야구단 창단에 관심을 보였다. 박용곤 회장이 미국 워싱턴대학교에서 유학했던 경험으로 프로야구가 기업 이미지에 미치는 영향을 잘 알고 있었다. 두산(전 OB)의 연고는 자연스럽게 대전 지역으로 정해졌다. "서울은 MBC, 인천은 현대로 확정됐다"는 얘기가 있었기 때문이다.

하지만 현대가 인천 야구팀 창단에 확실하게 거부 의사를 밝히자 상황이 달라졌다. 서울에 미련을 뒀던 두산이 '꿩 대신 닭'이라고 대전 대신 인천을 연고지로 요구하고 나섰다. 그렇게 되면 다시 대전에 새로운 기업을 찾아야 했던 탓에 프로야구 출범 추진 팀은 서울의 선수 자원에서 3분의 1(MBC 2, 두산 1의 비율로 신인 드래프트)을 나눠주고 3년 뒤 연고지를 서울로 옮겨주겠다고 약속했다. 두산의 연고지 이동에 관해선 이미 서울을 확보한 MBC도 동의했다. 그리고 1985년, 약속대로 두산은 대전을 떠나 서울로 입성했다. 두산 팬들 중에 충청 연고의 팬이 꽤 되는 이유는 대전 3년 동안 원년 우승 등 두산이 인상적인 모습을 보여줬기 때문이다.

서울 두산(당시 OB)의 첫 홈구장은 동대문야구장이었다. 그러나 1986년 대한야구협회가 각종 아마추어 대회의 원활한 진행을 위해 동대문야구장을 1년 내내 사용하겠다고 선언하면서 두산은 떠돌이 신세로 전락할 위기에 몰렸다. KBO의 중재 아래 서울시, MBC와 함께 잠실구장 공동 사용 문제를 협의했지만 MBC는 홈경기의 60퍼센트만 쓸 것을 두산에 제안했고 서울시는 잔디 보호 차원에서 잠실구장에서 연간 108경기만 치를 수 있다는 냉담한 반응을 보였다.

결국 MBC와 두산이 잠실야구장을 공동으로 사용하되 한 주에 여섯 게임을 치를 때는 잔디 보호를 위해 경기 시작 10분 전까지는 연습할 수 없다는 서울시의 제안을 수용하여 '한 지붕 두 가족'이 탄생했다. 물론 두 구단은 1주일 6경기를 치를 때마다 잠실야구장 이외의 홈팀, 원정팀 연습구장을 찾아 분주하게 움직여야 했다(대한야구협회 발행《한국야구사》참고).

더욱 불붙은 맞수관계

1989년 말 MBC 청룡 야구단이 럭키금성에 매각되며 1990년부터 본격적으로 LG와 두산(OB)이 맞수관계가 됐다. MBC 청룡 매각 당시에 진로유통, 한일그룹, 현대, 대우 등 그룹들이 인수를 고민했는데, 1983년부터 프로야구 가입을 강력히 원했던 럭키금성이 서울의 새로운 주인이 됐다.

럭키금성 그룹 최초로 LG라는 이름을 사용한 LG 트윈스는 1990년 프로 출범 9년 만에 최초로 한국시리즈에서 우승하는 기쁨을 맛보기도 했다. 두산의 경우 프로 원년에 우승했으나 당시 연고지가 (비록 임시였지만) 대전이었기 때문에 서울 팀 최초 우승 기록은 LG가 갖게 됐다.

사실 두산과 LG는 전신 MBC 청룡 때부터 신인 드래프트에서 신경전을 펼쳤다. 드래프트 지명권은 두산이 서울로 이전하면서 1 대 1로 바뀌었고 신인 우선 지명권은 맨 처음 동전 던지기(앞면은 OB, 숫자는 LG)에서 주사위 던지기(주사위 2개를 던져 합한 숫자가 많은 구단이 1차 지명권을 가짐)로 바뀌었다.

1986년 동전 던지기로 박노준의 지명권을 얻을 때까지는 두산에 행운이 따르는 듯했다. 하지만 이후 두산이 이긴 해는 1989년(동전)과 1998년(주사위) 단 두 번뿐이었다. 두산 구단 프런트가 합숙까지 하며 주사위 던지기를 맹연습해도 별무소용이었다. 주사위는 번번이 LG 편을 들어줬다.

모기업이 한 번 바뀌기는 했으나 1982년 프로야구 출범 때부터 서울 지역을 연고로 했던 LG 트윈스나, 창단 때부터 서울 연고지를 확약받고 3년간 타지생활을 했지만 모기업은 한 번도 바뀌지 않은 두산이나, '잠실야구장은 우리 것'이라고 주장할 명분은 충분하다. 최근에는 두산 성적이 LG보다 나아 두산 팬들의 어깨가 더 으쓱해지는 것도 사실이다.

두 팀의 '불편한 동거'는 언제쯤 끝이 날까? LG가 1990년대 중반 뚝섬에 돔구장을 지을 구상까지 했지만 축구 월드컵 등 여러 일이 겹치면서 유야무야됐다. 잠실야구장 신축이 계획돼 있는 상황에서 LG와 두산 모두 접근성이 좋고 1000만 팬의 잠재력이 있는 서울 연고지를 버릴 생각은 없다. "서울시가 임대료를 높게 책정하면 성남 등으로 연고지를 이전할 것"이라고 말하는 구단도 있지만, 글쎄…. 시즌 관중 100만 명을 모을 수 있는 곳은 많지 않으니 두 구단의 동거는 앞으로도 계속되지 않을까?

야구단 매니저의
24시

장면 #1 2003년 한국시리즈 6차전이 열리기 직전. SK 와이번스 숙소였던 서울 워커힐호텔에서 사령탑 조범현 감독의 유니폼이 실종되는 사건이 있었다. SK는 당시 워커힐 세탁비가 비싸 인천 쪽에 있는 업소에 유니폼을 맡기고 있었는데, 조 감독이 전날 유니폼을 늦게 내놓는 바람에 중간에 사라져버린 것이다. 뒤늦게 워커힐에서 유니폼을 천호동에 맡긴 것을 안 손차훈 매니저는 부랴부랴 젖어 있는 세탁물을 찾아다가 호텔 쪽과 함께 말리는 소동을 빚었다. 경기 시작 1시간 30분 전에야 조 감독은 유니폼을 입을 수 있었다.

장면 #2 1990년대 중반. 당시만 해도 연봉이 적어 선수들은 먹거리를 전적으로 구단에 의존했다. 구내식당 밥도 변변치 않아 당시 매니저였던 두산 김태룡 단장은 종종 외부에서 음식을 사오곤 했는데, 하루는 역삼동에서 김밥 서른 줄을 사오는 길에

차가 너무 막혔다. 간신히 경기 시작 30분 전에 잠실구장에 도착했지만, 그때까지 쫄쫄 굶은 선수들은 그를 원망의 눈으로 바라봤다고 한다.

장면 #3 2007년 8월 중순. 서울 숙소인 리베라호텔에 도착한 현대 유니콘스 선수단은 10여 분 동안 로비에서 대기해야 했다. 호텔에 예약 상황이 잘못 전달되면서 입실이 지체된 것이다. 수원 안방 경기를 마친 뒤 지친 몸을 이끌고 원정을 왔건만, 숙소에 곧바로 들어갈 수가 없으니 선수들의 불만은 점점 더해갔다. 최창복 매니저가 호텔 쪽과 얘기해 남아 있는 방을 모조리 끌어 모으면서 겨우 사태를 해결했지만, 만약 호텔이 꽉 차 있었다면 어떤 일이 벌어졌을까?

프로야구단 매니저는 살림꾼이다. 1년에 3분의 2 이상을 밖에서 생활하는 선수단의 의식주를 책임진다. 숙소 예약은 물론이고, 선수단 먹거리를 고르고 유니폼 등 세탁물을 살뜰히 챙긴다. 운동선수들에게 먹고 자는 게 중요한 만큼 침대 매트리스가 딱딱하거나 음식이 선수단 입맛에 맞지 않을 때 호텔이나 식당 쪽과 실랑이를 벌이는 것도 매니저 몫이다. 원정경기 때 선수가 유니폼을 챙기지 못한 경우 KTX나 고속버스를 이용해 공수작전을 펴기도 한다. 때때로 물건을 깜빡하는 모 선수는 "매니저가 있으니 늘 안심"이라고 했다. 스프링캠프에 가서 특정 피부 연고를 한국에서 공수해주기를 부탁하는 선수도 있다.

경기 시작 전에는 가장 먼저 그라운드에 나가 그날 스케줄을 확인하고, 경기가 끝나면 마지막까지 더그아웃이나 라커룸에 남아 선수들이 남긴 물건이 없는지 점검한다. 다음날 스케줄이 변경되기라도 하면 40~50명에 달하는 선수단에 일일이 전화를 걸어야 한다. 김성근 전 SK, 한화 감독은 스케줄 변동이 유독 많아서, 당시 팀 매니저는 "하루 100통 이상 전화할 때도 있었다. 전화를 안 받으면 정말 갑갑한데, 선수들에게 전화 안 받으면 벌금을 물리겠다고 협박까지 했다"라며 고개를 저었다.

선수들이 무슨 잘못을 저지르면 가장 먼저 해결사로 나서는 이도 매니저다. 구단 매니저와 운영팀장을 거친 모 구단 단장은 "파출소, 경찰서, 서부지검 등 안 가본 데가 없다"고 털어놓는다. 지금도 매니저들은 새벽에 선수 쪽에서 전화가 오면 덜컥 겁부터 난다.

매니저의 업무는 외국으로 전지훈련을 갔을 때 더 늘어난다. 현지인과 말이 잘 안 통하니 선수들의 요구사항이 많아진다. "○○○에는 어떻게 가야 해요?", "방에 화장지가 떨어졌어요" 등등 새벽까지 쉴 새 없이 매니저 방 전화기가 울려댄다. 그래서 훈련일지를 쓰고 하루를 정리하다 보면 새벽 3~4시가 되기 일쑤다. 박보현 전 두산 매니저는 "매니저는 언제 어디서든 선수들의 불만을 들어주고 위로해주는 형 같은 존재"라고 표현한다.

하지만 "매니저를 할 때 어떤 해는 꼽아보니 3일 정도 쉬었더라"는 손차훈 SK 단장의 말처럼 프로야구단 매니저에게 사생활이란 거의 없다. 김정균 두산 운영팀장은 "1년에 한 달 정도를 제외하고는 선수단과 늘 함께해야 했기 때문에 집안 대소사를 전혀 챙기지 못했고 친구도 만날 수 없었다. 매니저는 내 것을 버리고 다른 사람을 위해 희생해야 하는 직업"이라고 매니저 시절을 돌아본다. 10년 넘게 선수단 살림을 책임진 한 구단 매니저는 "집안에서는 빵점 남편, 빵점 아빠"라고 자조한다.

구단 매니저를 하면 물론 장점도 있다. "힘들기는 하지만 야구 공부도 많이 되고 선수단 생리도 잘 알게 된다"는 게 매니저들이 입을 모아 하는 말이다. 그래서 야구단 직원들에게 '매니저'는 통과의례처럼 되어가는 추세다. 한때 '꽃미남' 프런트였다가 매니저 생활 2년 만에 옆머리가 하얗게 된 이도 있지만 말이다.

> **야알못 탈출!** ◆ 매니저가 절대 잃어버리지 말아야 할 물건을 하나만 꼽는다면? 수첩이다. 수첩에는 선수 개개인의 고충부터 선수단의 일정, 감독과 코칭 스태프의 회의 내용까지 전부 적혀 있다. 감독과 구단을 연결하는 고리가 매니저이기 때문에 구단 내 은밀한 얘기까지도 빼곡하게 들어차 있다. 야구계 X파일이 이 수첩에 있을 수도…?

아버지, 그리고 아들

아기 때부터 손에 쥐고 논 것이 야구공이다. 다른 장난감을 사달라고 조른 적은 단 한 번도 없었다. 공과 방망이만 있으면 하루가 뚝딱 지나갔다. 그럴 수밖에 없는 환경이었다. 아버지가 현역 시절 '야구천재'이자 '바람의 아들'로 불린 이종범 LG 코치였으니. 그래서 그가 '진짜 야구'를 하려 했을 때 그의 이름 석 자보다 '이종범의 아들' 혹은 '바람의 손자'로 더 자주 불렸다.

2017년 말, 상황은 역전됐다. 그의 이름이 여러 시상식장에서 호명됐다. "이, 정, 후". KBO리그 최우수신인선수상 외에 연말에 받은 신인상만 모두 6개. 경쟁자 없이 독보적이었다. 이정후(키움 히어로즈)는 데뷔 해에만 고졸 신인 최초로 전 경기(144경기)에 출장하며 타율 0.324, 2홈런 47타점 111득점을 기록했다. 그뿐 아니라 신인 최다 득점과 더불어 역대 신인 최다 안타 신기록(179개)도 작성했다. 지금까지 아버지에 이어 프로 선수가 돼 신인상까지 받은 '야구인 2세'는 이정후가 유일하다.

'이종범의 아들'이라는 꼬리표

너무 유명한 아버지를 둔 아들의 행보가 호락호락한 것만은 아니었다. 야구를 시작하고 끈덕지게 이정후를 따라다닌 것은 '이종범의 아들'이라는 꼬리표였다. 원하건 원치 않건 주위 시선이 쏠렸다. 휘문고등학교 1학년 시절 주전으로 나서면 "이종범 아들이니까 1학년이 벌써부터 경기에 뛴다"라는 말이 들려왔고 경기 성적이 안 좋으면 "이종범 아들인데 못한다"라는 말이 귓가를 맴돌았다.

그는 스스로 아버지의 그늘에 머물지 않기 위해 노력했다. '야구 선수 이정후'를 증명하기 위해 온 힘을 다했다. 당일 경기 성적이 좋더라도 일부러 내색하지 않았다. "튀는 게 싫어서" 세리머니 또한 자제했다. 이정후는 "의도적인 면도 없지 않았다"라고 고백한다. 아버지의 이름 아래 최대한 자신을 낮춘 것이다. 나이답지 않은 평정심과 포커페이스는 그런 과정을 통해 만들어졌다.

히어로즈에 1차 지명된 것은 이정후에게 행운이었다. 히어로즈는 신인과 베테랑을 가리지 않고 선수 능력치에 따라 공평하게 기회를 준다. 이정후 스스로도 "팀 운이 좋았던 것 같다"고 한다. 내야수로 입단했으나 수비가 다소 불안했던 그는 스프링캠프 동안 외야수로 변신했다. 더불어 "수비에 스트레스 받지 말고 타격에 집중하라"는 격려도 받았다. 아마추어 때부터 갖고 있던 타격 폼을 억지로 바꾸라고 하지 않는 코칭 스태프의 분위기도 도움이 됐다. 다만 타격이 잘 안 풀릴 때는 강병식 타격코치가 적절하게 조언을 해줬다. 그 속에서 이정후는 자신만의 야구 루틴을 만들어갔다.

아버지에게서 배운 것

아버지로부터 야구를 배운 적은 없다. 이정후는 "야구가 잘 안될 때도 기술적인 부분이 아니라 '지금 실패하는 게 나중에 가서는 도움이 된다'는 식으로 멘탈적으로만 말씀을 해주셨다"고 했다. 아마추어 시절에도 "학교 코치, 감독들께 배워라"라고만 했던 아버지다. 그는 "야구를 잘하거나 못하거나 아버지는 매일 '잘했다'고 칭찬만 해주셨다. 원정 가서도 문자 메시지로 응원을 많이 해주신다. 못하고 오면 오히려 엄마 목소리가 싸늘해진다"라고 말한다.

다만 오른손잡이인 이정후가 왼손 타자가 된 데에는 아버지 이종범의 코칭이 있었다. 이정후는 처음에 부모님의 권유로 골프를 배우다가 야구 선수로 전향한 케이스다. "야구 선수가 되고 싶다고 하니 아버지께서 '(타격할 때 유리한) 왼손으로 치라'고 하셨고, 어차피 처음부터 '제로'에서 시작하는 것이니까 오른쪽으로 치든 왼쪽으로 치든 크게 상관은 없었다"고 한다.

왼손 타자는 1루 베이스와 가까워 내야안타를 기록할 확률이 높다. 현역 시절 프로 최초 200안타를 노렸으나 4개가 모자란 196안타를 친(1994년) 이종범 코치를 넘어, 언젠가 이정후가 200안타를 달성하지 않을까?

야알못 탈출! ● 이종범, 이정후 부자처럼 프로야구에는 대를 이어 야구를 하는 이들이 꽤 있다. 김동엽(삼성)은 현대 포수로 활약한 김상국의 아들이고, 박세혁은 아버지 박철우 코치와 같은 두산에 몸담고 있다. 이순철 SBS스포츠 해설위원의 아들인 이성곤은 현재 삼성에서 뛰고 있고, 송진우 한화 투수 코치의 두 아들(송우석, 송우현)도 야구 선수다. 유승안 경찰청 감독의 두 아들(유원상, 유민상) 또한 현재 프로 무대에 있다. 정의윤(SK), 유재신(KIA)도 아버지에 이어 그라운드에서 뛰고 있다.

지금 아마추어에도 고등학교 1학년 때부터 관심을 모으고 있는 야구인 2세가 있다. 바로 장정석 히어로즈 감독의 아들인 장재영이다. 장재영은 덕수고등학교 1학년 때부터 유연한 투구 폼으로 시속 150km 이상의 공을 던져 관심을 모았다. 청출어람의 야구인이 조만간 또 탄생할지도 모르겠다.

태그아웃?
포스아웃?

우스갯소리 하나. 한 야구 팬이 야구 규칙을 전혀 모르는 친구
와 처음으로 야구장에 갔다. 1루 주자가 있는 상황에서 타자가
볼넷을 골라냈다. 타자가 1루 베이스로 가는 동안 1루 주자는 자
연스럽게 2루 베이스로 향했다. 이때 '야알못' 친구가 천연스레
물었다.

"왜 1루 주자가 2루로 가는 거야?"

1루 상에서는 '아무 짓도 하지 않은' 주자가 2루로 가는 상황이
도통 이해되지 않았던 것이다. 답답한 야구 팬의 답은 이랬다.

"그럼 윷놀이처럼 1루에서 주자를 업고 가리!"

야구는 윷놀이가 아니다. 두 주자가 한 베이스에 함께 서 있을
수 없다. 뒤에 주자가 생기면 무조건 베이스를 비워주고 앞으로
나아가야만 한다.

태그아웃, 포스아웃을 나누는 기준

태그아웃과 포스아웃은 주자들의 베이스 선점 상태에 따라 달라진다. 태그아웃은 공을 가진 손으로 상대 선수를 태그해야만 아웃되는 것이고, 포스아웃은 상대 선수와 접촉 없이 근처 베이스를 밟는 행위 자체만으로 아웃이 될 수 있는 것이다.

앞의 일화로 풀이하면 1루 주자는 볼넷을 얻은 타자에게 1루 베이스를 비워줘야 하기 때문에 2루로 진루한다. 타자가 땅볼을 쳤더라도 무조건 2루로 뛰어야 한다. 이때는 공을 갖고 있는 수비수가 발로든 손으로든 2루 베이스를 찍는 것만으로 주자를 아웃시킬 수 있다. 포스아웃 상황이기 때문이다. 병살타 때 자주 나오는 장면이다.

주자 1·2루 또는 만루 때에도 같다. 1·2루 상황에서 타자가 땅볼을 치면 주자들은 2·3루로 무조건 달려야 한다. 그러니 2루와 3루에서 포스아웃을 시킬 수 있다. 만루라면 모든 주자가 움직여야 하기 때문에 모든 베이스에서 포스아웃이 가능하다. 9회 수비에서 종종 '만루(를 채우는) 작전'이 나오는 이유다. 수비가 편해진다. 1루가 비었을 때 1루를 주자로 채우기 위해 고의 볼넷 같은 작전이 나오는 이유이기도 하다.

뒤 주자의 영향을 받지 않는 상황에서는 태그아웃 플레이가 이뤄진다. 무사 혹은 1사 2루 상황에서 타자가 땅볼을 치면 주자에게 3루 베이스는 선택 사항이다. 1루 주자가 없으니 2루 베이스를 비워줄 필요가 없기 때문이다. 이때 주자가 3루로 뛴다면 수비는 태그아웃을 해야 한다. 포스아웃이 가능하다면 3루 베이스를 찍으면 아웃이지만 주자에게 2루와 3루라는 두 선택지가 있기 때문에 반드시 수비수가 공이 든 글러브나 공으로 태그를 해야만 주자가 아웃된다. 2루와 3루 사이에서 주자가 왔다 갔다 하는 상황을 상상하면 된다.

다양한 경우의 태그아웃

주자 1·3루 상황도 비슷하다. 홈으로 파고들었을 때 아웃될 가능성이 크다고 판단하면 3루 주자는 굳이 움직이지 않아도 된다. 이때도 2루에 주자가 없으므로 3루를 비워줄 필요가 없기 때문이다. 포스아웃은 주자에게 진루 외의 다른 선택지가 없을 때만 성립한다.

3루가 비어 있는 상황에서 2루 주자가 홈으로 뛰어 들어올 때, 그리고 타자가 단타성 타구를 치고 2루로 내달릴 때도 태그아웃 플레이가 이뤄진다. 1루 주자가 2루로 도루할 때 무조건 주자 몸에 공을 갖다 대야만 아웃된다는 것을 생각하면 이해하기 쉬워진다. 주자에게 되돌아갈 수 있는, 비어 있는 1루가 있기 때문이다. 도루 성공이 여의치 않아 2루로 뛰다가 1루 베이스로 급하게 돌아갈 때도 태그아웃 상황이 된다.

무사 혹은 1사 1루에서 타자가 내야땅볼을 쳤고 수비수들의 선택에 의해 타자가 1루에서 먼저 죽었다면 원래 1루에 있던 주자는 태그아웃 상황으로 바뀐다. 뒤의 주자가 아웃되면서 1루와 2루 어디로든 갈 수 있는 선택지가 생겼기 때문이다. 주자는 수비수의 태그를 피하기 위해 베이스 사이를 왔다 갔다 할 수 있으나 '3피트 라인'(베이스를 연결한 직선으로부터 0.9m까지의 주루 허용 범위)을 벗어나서는 안 된다.

2루와 3루에서는 오버 슬라이딩을 했을 때 수비수의 태그에 의해 아웃될 수 있다. 그러나 1루에서는 타자가 1루 베이스를 지나쳐도 2루로 갈 의향이 보이지 않는다면 태그아웃되지 않는다.

타자는 무조건 1루로 뛰어가야 하기 때문에 포스아웃 상태가 된다. 하지만 베이스에 도달하기 전 수비수는 타자 몸에 공을 대서 태그아웃을 시킬 수도 있다. 스트라이크 낫아웃 등의 상황도 똑같다. 포수는 1루수에게 공을 던져 포스아웃을 시키거나 타자를 태그아웃 시킬 수 있다.

어렵다고? 뒤 주자로 인해 돌아갈 베이스가 없다면 포스아웃, 비어 있는 베이스가 있다면 태그아웃 상황이라고 이해하면 된다. 쫓아오는 이가 없다면(그게 우군이라도) 누상에서 훨씬 자유롭다는 사실을 기억해두자.

태그아웃

포스아웃

트레이너 가방 속에 웬 베이비파우더?

야구장 더그아웃 한구석에는 검은색 큰 가방이 놓여 있다. 일명 '트레이너 키트'로 불리는, 트레이너들의 가방이다. 연고, 붕대, 반창고, 두통약, 알레르기약 등 비상의약품은 거의 다 구비돼 있다. 무좀 연고까지 있으니 말은 다했다. 무좀 연고? 발에 땀 나도록 뛰다 보니 발가락이 간지러운 선수들이 여럿 있다.

손톱깎이는 물론이고 네일숍에나 있을 법한 손톱 다듬는 도구도 있다. 손발톱이 살 속으로 파고들지 않게 하기 위한 필수품이다. 죽은 살을 제거하는 도구도 물론 있다. 한때는 색색의 매니큐어까지 있었다. 투수와 사인을 주고받을 때 손가락이 잘 보이게끔 포수 손톱에 바르는 용도였다. 타격을 방해할 수 있다는 지적이 나와 형광 매니큐어는 트레이너 가방에서 사라졌지만 손톱 보호를 위한 투명 매니큐어는 있다. 공에 맞아 손톱 일부가 부러졌을 때 유용하다. 포수들에게는 필수품이다.

상처를 임시 봉합하는 액체 반창고도 없어서는 안 될 의약품이다. 슬라이딩을 하다가 손가락이 까지거나 다이빙캐치를 하다가 인조잔디에 밀려 화상을 입었을 때 필요하다. 낮 경기 때 눈부심이 덜하도록 선수들 눈 밑에 붙이는 아이패치도 트레이너 가방 속에 있다. 프로야구 초창기에는 콘돔도 들어 있었다. 국외 전지훈련을 나가면 선수들이 밖에서 쉽게 구할 수 없었기 때문이다. 보물창고가 따로 없달까?

운동선수는 몸이 재산이기에 비상약품이 트레이너 키트를 한가득 채우고 있지만 아쉬운 점도 있다. 심장 기능이 정지했거나 호흡이 멈췄을 때 쓰는 자동제세동기(AED)가 그렇다. 수도권의 한 트레이너는 "법에 따라서 야구장마다 자동제세동기가 구비돼 있지만 일부 구단을 제외하고 트레이너들은 별도의 자동제세동기를 갖고 있지 않다. 야구장에서는 괜찮지만 버스로 이동하는 중에 심정지가 오면 달리 손쓸 방법이 없다"고 했다. 미국에선 야구단 트레이너 가방에 응급처치용 에피펜(알레르기 반응 치료 주사기)까지 들어 있지만 한국은 아직 그렇지 않다.

트레이너 가방은 선수들에게 맥가이버의 만능칼 같은 구실을 한다. 그렇다면 트레이너 가방 속에 있는 베이비파우더의 용도는 과연 무엇일까? 역도 선수처럼 손에 묻히는 것은 절대 아니다. 발에도 안 쓴다. 그렇다면 어디에 쓸까?

힌트는 포수다. 장시간 앉아 있는 포수의 특성상 가랑이 사이,

특히 음낭 쪽에 땀이 많이 찰 수밖에 없다. 땀 때문에 사각팬티가 말려 올라가기도 하는데 아기 엉덩이가 짓무르지 않게 뿌려주는 베이비파우더가 이때 큰 구실을 한다. 경기 전 팍팍 뿌려주면 효과 만점이라고 한다.

정(情)은
베이비파우더로 통한다.

야알못 탈출! ● 트레이 힐만 전 SK 감독은 가방 안에 항상 마사지공을 들고 다녔다. 어떤 용도였을까? 벽을 등지고 서서 벽과 등 사이에 마사지공을 넣은 뒤 등을 문지르기 위한 것이었다. 한편 '피겨 여왕' 김연아는 은퇴 전 가방에 늘 야구공을 넣고 다녔다. 이 공의 용도는 발바닥을 문지르는 것이었다. 딱딱한 스케이트화를 신다 보면 경직될 수밖에 없는 발바닥을 풀어주기 위해 야구공을 사용했다. 바닥에 놓고 발바닥을 왔다 갔다 하면 그만한 마사지도 없다.

6
월

맞으며 사는
사나이들

징크스가
뭐길래 (2)

2011년 미국 텍사스의 한 고등학교가 발칵 뒤집혔다. 야구부 선수 둘이 경기를 앞두고 운동장에서 병아리를 죽인 것이다. 그들은 이유에 대해 함구했다.

하지만 추측은 가능했다. 보비 매킨타이어 야구부 코치는 "야구는 미신을 가장 많이 믿는 스포츠다. 아마도 어린 선수들이 〈메이저리그〉 같은 영화를 따라했을 가능성이 크다"고 했다. 야구 영화 〈메이저리그〉에는 한 선수가 방망이를 잘 치기 위해 살아 있는 닭을 제물로 바치는 장면이 나온다.

미국 야구 선수들도 '징크스'에 민감하다. 그나마 월요일 휴식일이 있는 한국 야구와 달리 메이저리그는 매일 경기를 치르기 때문에 더욱 '일상'에 신경을 쓴다.

잘나갈 때 수염을 깎지 않는 것은 유명한 징크스다. 제이슨 지암비는 양키스 소속이던 2008년 초 콧수염을 기르면서 안타가 계속 터지자 몇 달 동안 수염을 길렀다. 성적이 떨어지자 곧바로 덥수룩해진 콧수염을 밀었다. 풍성한 턱수염이 트레이드 마크였던 브라이스 하퍼도 2018년 초반 부진에 빠지자 수염을 깔끔하게 포기하기도 했다.

통산 3010안타를 쳐내면서 야구 명예의 전당에 오른 웨이드 보그스는 루틴을 철저히 지키기로 유명했다. 이 또한 징크스라 할 수 있다. 그는 매일 같은 시간에 일어났고, 경기 전 치킨을 먹으며, 수비 연습 때 늘 같은 수의 공을 받았고, 반드시 5시 17분에 타격 연습을 했다. 또한 7시 17분이 되면 어김없이 그라운드를 뛰면서 몸을 풀었다.

T팬티부터 오줌으로 손 씻기까지

이색 징크스는 이외에도 더 있다. 새미 소사와 홈런 경쟁으로 유명했던 마크 맥과이어는 고등학교 시절부터 메이저리그 은퇴 때까지 줄곧 똑같은 낭심 보호대를 사용했다. 경기 중에 땀이 스며들기 때문에 보통은 1년가량 쓰고 교체하는 걸 보면 맥과이어의 인내심은 참 대단하다고 하겠다. 제이슨 지암비는 더 나아가 슬럼프에 빠졌을 때 금색 T팬티를 입었다. 한때 양키스 동료들도 부진 탈출을 위해 지암비를 따라 하기도 했다. T팬티를 입고 그라운드에서 잘 뛰었을까 미심쩍긴 하다.

삼진에 대한 강한 열망인지 저스틴 벌랜더는 숫자 '3'에 집착해서 화장실에서도 셋째 칸만 쓴다. 래리 워커도 '3'에 대한 집착이 심했는데 그는 시계를 제시간보다 33분 빠르게 맞췄고, 33번 유니폼을 입었으며, 11월 3일 3시 33분에 결혼했다. 또한 몬트리올 소속일 때는 장애 어린이들을 위해 경기장 333번 섹션의 티켓을 33장 샀다. 그렇다면 그가 아내와 이혼할 때 위자료의 액수는? 300만 달러였다.

'유틸리티 맨'인 브록 홀트는 경기 시구 전마다 해바라기씨 7~8개를 더그아웃 난간에 가지런히 놓았다가 다시 줍고는 했다. 케빈 롬베르그는 누군가 자신을 건들면 반드시 그의 등을 다시 터치했다. 주루 도중 수비수에게 태그아웃당하면 이닝이 끝날 때까지 기다렸다가 그 수비수를 쫓아가 등을 건드리고 돌아왔다. 참 피곤한 징크스가 아닐 수 없다.

리치 애슈번은 자신의 방망이가 다른 동료의 것과 섞일까 봐 매일 밤마다 집으로 가져와 함께 침대에서 잤다. 모이세스 알루는 타석에서 배팅 장갑을 끼지 않은 것으로 유명한데, 그가 손바닥 부상을 방지하기 위해 쓴 방법은 매일 손에 오줌을 누는 것이었다. 하지만 일부 논문에 따르면 소변에 든 성분은 피부를 부드럽고 촉촉하게 해준다고 한다. 어찌 됐든 알루는 오줌 묻은 손으로 방망이를 휘둘러 17시즌 동안 1942경기에 출전해 타율 0.303, 2134안타, 332홈런을 때려냈다. 한번 시도해보고 싶다고? 그렇다면 절대 경기 전후에 지인들에게 악수를 청하지는 말기를.

메이저리그 얘기에서 절대 빼놓을 수 없는 베이브 루스에게도 징크스가 있었다. 그는 외야 수비를 나갔다가 더그아웃으로 돌아올 때 2루 베이스를 꼭 밟았다. 깜빡 잊고 들어오면 이닝 교대 시간에 다시 2루로 나가서 베이스를 차고 돌아올 정도였다. 그는 타격 슬럼프를 막아준다는 이유로 더그아웃에 있을 때 여성용 실크 스타킹을 신고 있기도 했다.

물론 징크스가 매번 '운'을 모아주는 것은 아니다. 1990년대 후반 마이너리그 최고 유망주였던 론 라이트는 손목밴드를 차는 왼쪽 손목을 면도한 뒤부터 성적이 좋아지자 "앞으로 계속 왼쪽 손목 털을 밀겠다"라고 선언했다. 5년 후인 2002년, 라이트는 가까스로 메이저리그에 데뷔했지만 결과는 영 신통치 않았다. 손목을 면도하고 선발 출전한 경기에서 첫 타석 삼진을 당했고, 두 번째 타석에서는 흔치 않은 트리플 플레이를 경험했다. 세 번째 타석에서도 병살타로 물러났다. 그는 다음날 트리플A로 밀려났고 이후 단 한 번도 메이저리그 무대를 밟지 못했다. 3타석 6아웃이 그의 통산 메이저리그 기록이 됐다. 손목을 면도하지 않았다면 그의 성적은 어땠을까? 징크스는 징크스일 뿐이다.

야알못 탈출! • 징크스는 선수들만의 일이 아니다. 어떤 구단 홍보팀은 담당 기자 승률까지 계산하며, 'A 기자가 현장에 왔을 때 팀이 몇 승 몇 패였다'를 기억해낸다. 그래서 해당 팀이 연패에 빠지기라도 하면 승률이 안 좋은 담당 기자는 야구장에서 환영받지 못한다. 기자 본인도 가길 꺼리기도 하고. 또 연승 때도 항시 조심한다. 우승 복이 없는 선수가 있듯 담당 팀 우승 복이 없는 기자도 물론 있다. 기자들끼리는 그런 경우 '우승 브레이커'라며 농을 주고받기도 한다.

수비수는
'제자리'가 없다

2004년 6월 25일 한화-두산전. 잠실야구장 기자실이 웅성거리기 시작했다. 홈팀인 두산이 3 대 0으로 이기고 있었고 8회말 1사 만루의 추가 득점 기회까지 얻었다. 이때 한화 좌익수 이영우가 내야로 뛰어왔다. 수비 교체인가 했지만 아니었다. 의아한 상황에 몇몇 기자는 일어서서 지켜보기까지 했다.

이영우는 1루 베이스 옆에 섰다. 1루수인 김태균은 유격수와 2루수 사이에서 2루 베이스에 가깝게 이동했다. 2루수 임수민, 유격수 이범호, 3루수 디아즈는 거의 제 수비 위치에 서 있었다. 수비수 5명이 촘촘히 내야를 둘러싼 형국.

"내야수가 다섯이 됐네!"

한 기자가 외쳤다.

"와~ 기발한데?"

누군가 농담 식으로 대꾸했다. 외야수는 2명밖에 없는 상황.

중견수 고동진은 좌중간으로, 우익수 최진행은 우중간으로 이동했는데 외야 수비 범위가 넓어 보였다. 유승안 당시 한화 감독은 내야 병살타를 유도해 실점 없이 이닝을 종료하고 9회초 마지막 반격을 노리겠다는 심산이었다.

"외야 빈 공간으로 타구 보내면 싹쓸이되겠네."

기자실은 웃음으로 가득 찼다.

실제로 두산 타자 최경환의 타구는 이영우가 원래 서 있던 좌익수 쪽으로 날아갔고, 아무도 잡을 수 없던 이 타구로 2명의 주자가 홈을 밟았다. 도박과도 같았던 수비 변화는 철저히 실패로 돌아갔다. 이영우가 제자리에만 서 있었다면 잡을 수 있던 공이었다.

극단적인 수비 변형, 오버시프트

또 다른 극단적인 수비 변형은 2013년 3월 19일 목동야구장에서 열린 SK와 히어로즈전에서 나왔다. 8 대 8 동점 상황, 9회 말 1사 만루 히어로즈 공격 때 이만수 당시 SK 감독은 중견수 김강민을 2루 베이스 가까이 위치시켰다. 병살타를 통해 끝내기 상황을 모면하겠다는 복안이었다. 하지만 마운드 위의 최영필이 밀어내기 볼넷을 내줘 경기는 허무하게 끝나고 말았다.

유승안 감독이나 이만수 감독의 선택이 "틀렸다"라고 결론을 내릴 수는 없다. 수비는 결국 점수를 주지 않기 위한 최선의 방어책이기 때문이다. 내야수 4명, 외야수 3명을 두는 수비 대형은 가장 안정적이고 기본적인 모델일 뿐이다. 상대 타자 맞춤형 수비 모델은 얼마든지 있을 수 있다. 타자별 데이터 수집이 점점 정교해지고 세밀해지면서 가능해진 일이다.

1940년대 활약한 메이저리그 마지막 4할 타자 테드 윌리엄스를 상대로 '오버시프트'(수비 변형 가운데, 왼손 강타자를 상대하며 오른쪽으로 치우친 시프트)가 처음 나왔을 때는 다소 충격적이었지만 이제는 반드시 필요한 시대가 됐다.

은퇴한 이승엽, 김재현 그리고 한때 국내 야구계를 주름잡았던 로베르토 페타지니부터 현역 선수인 김현수, 최형우, 김재환까지 왼손 타자들은 오버시프트의 그물망 안에 있었거나 현재까지도 있다. 이들은 모두 타석에서 '잡아당기기'를 좋아하는 왼손 타자라는 공통점이 있다. 1루와 2루 사이로 타구가 많이 간다는 뜻이다.

이들이 타석에 섰을 때 수비 움직임을 보면 내·외야 가릴 것 없이 수비수들은 오른쪽, 즉 1루 쪽으로 극단적으로 치우친 수비 대형을 선보인다. 2018시즌 SK 수비 진영을 예로 들면 김현수가 타석에 섰을 때 1루수 로맥은 오른쪽 파울라인 쪽으로 바짝 붙었고 2루수 김성현은 1루로 향하면서 우익수 한동민이 있는 뒤쪽으로 살짝 물러났다. 유격수 나주환은 2루 베이스 근처에, 3루수 최정은 원래 유격수 자리에 섰다. 때론 뜬공 처리 등을 안전하게 하기 위해 유격수가 제자리를 지키고 3루수가 2루 베이스 근처에 가기도 한다. 외야수들 또한 원래 수비 지역에서 우익수 쪽으로 몇 발짝 움직인다.

오버시프트를 깨는 방법

오른쪽으로 치우친 수비 대형에 대처하는 방법은 간단하다. 수비수가 없는 3루 쪽으로 공을 굴리는 것이다. 하지만 자존심 강한 왼손 타자들은 정공법을 택한다. 더 강하고 더 빠른 타구를 날려 시프트를 깨려고 한다. 강 대 강의 싸움이다. 이승엽이 그랬고 최형우가 그렇게 한다.

시프트는 막느냐 뚫느냐의 싸움이다. 세 차례 타석에 서서 한 번이라도 안타를 치면 훌륭한 타자라고 하듯이 안타가 될 타구 셋 중 단 하나라도 땅볼로 만들 수 있다면 그만큼 훌륭한 수비 작전도 없다.

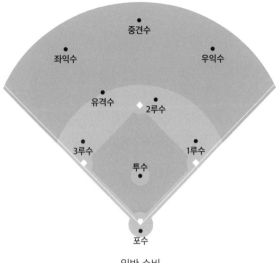

일반 수비

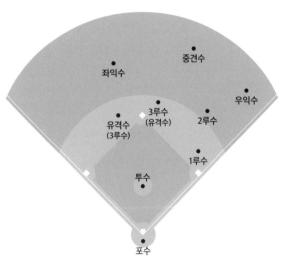

오버시프트

슬라이더,
그 치명적 유혹

《야구란 무엇인가》에서는 피칭에 대해 이렇게 설명한다. "투구는 인체 구조상 매우 부자연스러운 동작이다. 팔은 어깨에서 밑으로 매달려 흔들거리고 팔꿈치는 안으로 굽는 게 어디까지나 자연스러운 것인데 피칭은 그 반대 방향으로 많은 운동량을 부과해야 하기 때문이다. 결국 피칭은 근육과 인대, 관절, 심지어 특정 부위의 뼈에까지 엄청난 부담을 주는 행위다."

투수가 공을 던진다는 것은 타자와의 승부 이전에 자기 몸을 극한으로 밀어붙인다는 의미가 된다. 인간 신체의 한계와 싸우면서 투수들은 팔꿈치와 손목 그리고 손가락을 이용해 다양한 구종을 만들어왔다. 속구(직구), 커브, 체인지업 등은 20세기 초부터 완전히 자리를 잡았고, 제2차 세계대전이 끝난 1940년대 중반부터는 슬라이더가 보편화되기 시작했다. 포크볼, 너클볼 등은 그 이후에 등장했다.

한국 야구사에 슬라이더를 처음 선보인 이는 김영덕 전 빙그레 감독이라고 알려져 있다. 일본 프로야구에서 활약하다가 국내로 들어온 그는 1964년 실업야구에서 33경기 255이닝을 소화하며 평균자책점 0.32라는 경이적인 기록을 남겼다. 김성근 전한화 감독은 "당시 타자들은 '이게 무슨 공이지?' 하면서 헷갈려하는 반응이 많았다"고 회상했다. 이후 장호연, 선동열, 김시진, 김용수, 염종석, 김수경, 조용준 등이 슬라이더를 주 무기로 사용했다. 현재는 윤석민, 김광현 등이 슬라이더를 속구 이외의 결정구로 쓰고 있다.

쉽지만 위험한 슬라이더

슬라이더는 강속구와 궁합이 가장 잘 맞는 구종으로 평가받는다. 속구처럼 날아오다가 휘기 때문에 타자들이 속기 쉽다. 또한 속구와 커브의 중간형으로서 변화구 중 가장 익히기 쉬운 구종이다. 한 야구 책에는 "제구가 문제일 뿐 어떤 투수든 몇 분 내 손쉽게 배울 수 있다"라고까지 쓰여 있다.

슬라이더를 던질 때는 보통 중지를 실밥과 나란히 하고 검지를 옆에 붙이지만 투수에 따라 슬라이더 그립은 천차만별이다. 팔 회전은 다트를 던질 때와 비슷하다. 세로로 움직이는 팔에서 팔꿈치만 다시 가로로 꺾어야 한다. 미국 스포츠 잡지 〈스포츠 일러스트레이티드〉가 발행한 《피칭》이라는 야구 저서에는 "슬라이더는 성공으로 가는 지름길이 될 수 있지만 그 대가는 치러야만 한다"라고 경고하면서, "슬라이더는 좋은 커브보다 빨리 연마할 수 있다. 하지만 속구와 커브만으로 살아남기 어렵다고 판단했을 때 배워야 하는 것"이라고 설명한다. 김시진 전 롯데 감독도 "슬라이더는 팔꿈치 인대에 무리가 갈 수밖에 없다. 공을 놓는 순간 검지나 중지에 힘을 주게 되면서 팔꿈치에 충격이 그대로 전달된다"고 말한다.

미국 유소년 야구에서도 커브는 만 14세 이상, 슬라이더는 만 18세 이상이 될 때까지는 던지지 말라고 권장한다. 덜 성숙한 관절에 무리가 갈 수 있기 때문이다. 한 미국 대학 연구소에 따르면 일찍 슬라이더를 던진 투수들은 다른 선수들에 비해 부상 위험도가 세 배가량 높다고 한다.

슬라이더 구사력이 뛰어난 롯데 구원투수 윤길현도 지금껏 세 차례나 팔꿈치 수술(인대 접합, 뼛조각 제거 등)을 했다. 경기 때 그의 슬라이더 구사율은 50퍼센트 이상이다. 윤길현은 "슬라이더가 팔꿈치에 안 좋다는 것은 맞는 말 같다. 슬라이더를 놓는 포인트가 뒤에 있을 때 팔꿈치 관절 부위에 '두둑' 하는 느낌이 있다"고 했다. 전문가들은 보통 시속 130km 이상의 변화구는 어깨나 팔꿈치에 많은 충격을 준다고 본다. 강속구와 함께 슬라이더를 주 무기로 했던 김광현 또한 팔꿈치 수술로 2017시즌을 통째로 쉬었다. 윤석민도 어깨 수술로 옛 전성기 시절 모습을 되찾

슬라이더!

커브!

지 못하고 있다.

회복하기 위한 선수들의 노력

몇 년 전부터 투수들은 마운드를 내려온 직후 곧바로 회복운
동과 보강운동을 해서 팔꿈치 부상 위험을 줄여가고 있다. 강흠
덕 전 두산 트레이너는 "투수들이 공을 던지고 마운드에서 내려
오면 사용한 근육이나 관절의 반대 방향으로 풀어주는 식으로
보강운동을 한다. 한 동작을 20회 정도 총 15분 안팎 한 뒤 아이
싱을 하게 된다"고 했다. 가끔 경기 중에 더그아웃에서 투수들이
팔운동을 하는 모습이 카메라에 잡히는데 회복운동이라고 생각
하면 된다. 김시진 전 감독도 "보강운동을 많이 하고 남발만 하
지 않는다면 슬라이더는 꽤 괜찮은 구종이다. 슬라이더를 결정
구로 쓰겠다고 생각하면 한 타석당 하나만 던지는 식으로 전체
투구의 10퍼센트 안팎으로 조절하면 부상 위험은 줄어들 것"이
라고 본다.

누구나 던지기 쉽기 때문에 매력이 있는, 하지만 부상 위험이
커서 치명적인 슬라이더. 분명한 점은 투수들은 공 하나를 던지
기 위해 자기 몸의 희생도 불사한다는 사실이다.

피할 수 없는
공

강동우 두산 베어스 코치는 아직도 2004년 10월 25일 한국시리즈 4차전을 잊지 못한다. 현대 유니콘스를 상대로 한 삼성 라이온즈 선발투수 배영수의 10이닝 노히트노런(연장 12회까지 이어지면서 기록은 인정받지 못했다) 때문은 아니다. 포스트시즌 사상 첫 0 대 0 무승부 기록 때문도 아니다.

12회말 2사 만루. 그는 대타로 타석에 섰다. 마운드에는 현대 마무리 조용준이 서 있었다. 조용준의 주 무기인 슬라이더가 몸쪽으로 바짝 붙어 날아오는 순간, 그는 몸을 틀어버렸다. 피하지 않고 맞았더라면 '연장 끝내기 밀어내기 몸에맞는공'이 될 터였다. 하지만 그의 몸은 공과 반대 방향으로 반응했다. 그는 내야뜬공으로 물러났고 경기는 그대로 종료됐다. 삼성은 그해 2승 3무 4패로 한국시리즈 준우승에서 걸음을 멈췄다.

강동우 코치는 그날의 일을 이렇게 회상한다.

반드시 쳐야겠다는 마음이 강했어요. 조용준이 평소 컨트롤이 나쁜 투수가 아니었던 탓에 공에 맞을 수도 있다는 생각을 꿈에도 못 했죠. 쳐야겠다는 생각만 하다가 발 쪽으로 공이 오니까 본능적으로 피하게 된 거죠. 그때 죄인 같은 심정이 돼 아침밥도 되도록 빨리 일어나서 혼자 먹고 뜬눈으로 밤새우고 그랬어요.

몸 쪽으로 날아드는 공을 피했을 뿐인데 그는 죄인이 됐다. 조용준의 고속 슬라이더는 최고 시속 140km에 육박하곤 했다.

시속 140~150km에 육박하는 공

시속 140km 안팎으로 날아오는 공에 맞으면 어떻게 될까? 그나마 근육이 두꺼운 곳이면 멍만 들겠지만, 뼈에라도 맞게 되면 부러지거나 금이 갈 수 있다. 빠르게 회전하면서 날아오는 공을 맞으면 살갗이 벗겨지고, 간혹 야구공 실밥 자국이 선명하게 찍히기도 한다. 미국 고교야구에서는 투수가 던진 공이 헬멧 밑을 강타해 열여섯 살 어린 선수가 숨지는 불상사도 있었다. 무게는 고작 145g 안팎에 지나지 않지만 야구공으로 인한 부상은 상당히 치명적이다.

몸에맞는공(사구)과 인연이 깊은 선수는 SK 와이번스 최정이다. 오죽하면 자석처럼 공을 끌어당긴다고 '마그넷 정'이라는 별명까지 붙었을까? 2013년에는 스물네 번이나 공에 맞았다. 다행히 골절상은 피했지만 몸 여기저기가 멍투성이였다. 스스로 "만신창이가 됐다"고 말할 정도였다. 한번은 시속 150km 가까운 공도 맞아봤다. 왜 자주 맞느냐는 물음에 최정은 "도저히 피할 수 없는 공이 날아온다"고 푸념한다.

최정은 2018년까지 226개의 몸에맞는공을 기록했는데 통산 사구 횟수에서 타의 추종을 불허한다. 홈런 타자이다 보니 투수들의 위협적인 몸 쪽 공 승부가 많았고 이는 몸에맞는공으로 연결됐다. 이만수 전 SK 감독도 이런 이유로 한 경기에서 세 번이나 공에 맞은 적이 있다.

한 시즌 최다 사구 기록(31개, 1999년)은 박종호 전 LG 코치가 갖고 있다. 1999년은 그가 데뷔 첫 3할 타율을 기록했던 해다. 타율 0.340이었던 2000년에도 열두 번이나 공을 맞았다. 잘 때리다 보니 견제를 위해 몸 쪽 공이 많이 날아왔다고 할 수 있다. 박종호 코치는 "젊었을 때니까 공에 대한 두려움은 전혀 없었다. 공을 맞으면 1루로 그냥 걸어 나갈 수 있으니까 공 맞는 것을 즐겼다"라고 말하지만, 그래도 사람인데 아픈 건 아픈 것이다.

이왕 맞을 거면 차라리 엉덩이

박 코치는 "엉덩이 부위는 맞아도 침 맞을 때처럼 따끔할 뿐"이라며 "대신 허리 밑에 맞는 것은 주의해야 한다"고 조언했다.

종아리 아래쪽에 공을 맞으면 근육이 뭉쳐서 뛸 때 경련이 일어날 수 있다. 2~3일 정도 경기에 결장할 수밖에 없다는 얘기다.

파이터 기질이 있는 선수들은 타석에 바짝 붙어 일부러 공을 맞는 경우도 있지만, 몸에맞는공은 잘 치는 타자들이 견뎌내야 할 일종의 성장통이라고 할 수 있다. 장타력을 갖춘 타자라면 더욱 그렇다. 통산 사구 순위를 보면 이는 더 뚜렷해진다.

강동우처럼 피하느냐, 아니면 박종호처럼 맞느냐의 선택에서 정답은 없다. 다만 몸 쪽 공에 당당히 맞서면서 요령 있게 대처하는 자세가 필요할 뿐이다.

야알못 탈출! • 공에 한번 맞으면 타격 폼까지 흐트러지는 역효과가 있다. 몸이 공에 맞은 순간을 기억하기 때문이다. 그 기억을 지울 방법은 없다. 그저 서서히 잊히기를 바랄 수밖에.

엉덩이로 맞는 것도 기술이다.

먹고 자고 입고,
야구단 버스

프로야구 선수들의 발이 되어주는 구단 버스에서 예외 없이 보이는 이 '물건'은 무엇일까? 둥그렇고 색깔은 다양하며, 결정적으로 푹신푹신하다.

감이 잘 안 온다고? 비행기를 타고 장거리 여행을 갈 때 굉장히 요긴한 물건이다. 눈치를 챘는지? 바로 목베개다. 시즌 동안 이동 거리가 가장 긴 NC와 롯데 선수단 버스에도, 수도권 구단 SK 선수단 버스에도 목베개는 '꼭' 있다. 야간 이동이 잦은 프로야구 선수들에게는 반드시 챙겨야 하는 필수품이다.

야구단 버스 안 풍경을 더 둘러보자. 앞쪽에는 보통 42형 대형 텔레비전이 설치돼 있다. 버스 중간에도 접이식 17형(롯데), 32형 (LG) 모니터가 설치돼 있기도 하며, LG 버스 안에는 DVD 데크도 설치돼 있다. 경기장으로 갈 때나 짧은 거리를 이동할 때 화면을 통해서 전력분석을 하기 위함이다.

KIA 버스에는 좌석마다 휴대전화 충전장치가 있다. KIA 관계자는 "선수 대부분은 경기에 들어가기 직전 각자의 휴대폰을 충전기에 꽂고 간다"고 귀띔했다. 그뿐만 아니라 SK와 삼성 등은 버스 안에 와이파이 중계기를 설치해 선수들이 이동 중에도 인터넷을 마음껏 쓸 수 있도록 했다. 생수 등을 갖춘 냉장고는 기본이다.

주문식으로 제작된 프로야구단 버스는 운전석 포함 총 25석이며, 좌석 간격은 대략 80cm로 꽤 넓다. 야수조와 투·포수조로 나뉘어 버스를 탄다. 원정 라커룸보다 편한 점이 있어서 원정팀의 몇몇 불펜 투수는 경기 중반까지 버스 안에서 편안히 누워 텔레비전으로 팀 경기를 보다가 경기장으로 들어가기도 한다. 특히 잠실야구장은 원정 라커룸이 비좁아서 버스가 더 사랑받는다. 버스를 탈의실로 이용하기 때문이다. 야구단 관계자는 "선수들이 버스에서 생활하는 시간이 워낙 많기 때문에 버스 안 생활을 편안하게 여긴다"고 귀띔했다.

7월

한여름의
휴식 같은 게임

올스타전 길라잡이

휴가가 시작되는 달 7월, 지치고 힘든 심신을 달래줘야 할 때다. 프로야구도 예외는 아니다. 본격적인 여름을 나기 전에 '살짝 쿵' 쉼표가 필요하다. 올스타전은 이 휴식기의 보너스 같은 게임이다. 짧은 휴식은 전반기를 돌아보고 후반기 반격 혹은 전진을 향한 디딤돌이 되기도 한다.

올스타전은 드림 올스타(두산, SK, 롯데, 삼성, kt)와 나눔 올스타(NC, 히어로즈, LG, KIA, 한화)가 맞붙는다. 두 팀 전적은 2018시즌까지 드림 올스타가 27승 15패(1999~2000년 양대 리그 제외)로 절대 우위에 있다.

메이저리그와 달리 한국은 올스타전 승리 팀에 대한 보상이 없기 때문에 승패는 그다지 중요하지 않다. 그저 축제를 즐기면 된다. 반면 아메리칸리그와 내셔널리그가 맞붙는 메이저리그 올스타전에서는 승리 팀이 월드시리즈 홈어드밴티지를 가져간다.

1·2·6·7차전을 홈구장에서 치른다는 것은 기선제압의 의미가
있기 때문에 경쟁이 치열하다.

올스타전 관전 포인트

올스타전의 승패보다 더 관심을 모으는 것이 최우수선수(MVP)
를 칭하는 '미스터 올스타'다. 투수의 경우 컨디션 점검 차원에서
1~2이닝 정도만 소화하기 때문에 그리 강한 인상을 주지 못한
다. 역대 올스타전에서 타자가 서른다섯 번이나 미스터 올스타
에 뽑힌 이유다. 투수는 1985년 김시진(삼성)과 1994년 정명원
(태평양)이 '유이'하게 선정됐다.

타자 중에서도 롯데 타자의 올스타전 강세는 어마어마하다.
37회 중 15회나 휩쓸었다. 무려 39.5퍼센트의 비율이다. 올스타
전 다섯 번 중 두 번은 롯데 타자가 미스터 올스타가 됐다는 뜻
이다.

미스터 올스타 첫 테이프는 역시나 롯데 타자, 김용희가 끊었
다. 프로 원년(1982년)에는 올스타전이 세 차례 열렸는데 김용희
는 당시 만루홈런을 터뜨리는 등 3홈런이나 터뜨리며 초대 미스
터 올스타가 됐다. 아마추어 시절 투·타 양쪽에서 일본의 하라
다쓰노리를 능가한다는 평가를 받았으나 정작 프로에 데뷔해서
는 타율 0.284, 11홈런으로 아쉬운 성적을 보이던 김용희였다.
하지만 1982년 올스타전 3차전에서 7회말 터뜨린 만루홈런은

지금까지도 KBO리그 올스타전 사상 유일한 그랜드슬램으로 남아 있다. 게다가 김용희는 1984년에도 미스터 올스타가 됐다.

올스타를 둘러싼 희비

프로 원년부터 최우수선수에게는 자동차가 부상으로 주어졌다. 1980년대는 자동차가 부의 상징으로 여겨졌던 시대였다. 3년 동안 자동차를 두 대나 받은 김용희 전 SK 감독은 "'맵시'라는 차였다. 사업하는 사람들이 재수 있는 차라고 팔라고 난리였다. 당시 차값이 500만 원이었는데, 600만 원 준다고 해도 안 팔다가 아는 후배에게 200만 원에 팔았다"라고 뒷얘기를 들려주었다.

서른일곱 번의 올스타전에서 스물일곱 차례는 자동차가 부상이었고, 그 밖에 골든 배트, 상금 1000만 원, 대형 텔레비전 등이 주어졌던 때도 있다. 2년 연속 MVP로 선정된 롯데 타자 박정태는 1998년에는 SM520 자동차를, 1999년에는 금 20냥쭝짜리 골든 볼을 부상으로 받기도 했다.

역대 올스타전 최고령 출전 선수는 이승엽(삼성 은퇴)이다. 이승엽은 만 40세 2개월 21일의 나이로 2017시즌 올스타전에 베스트 멤버로 출전했다. 최연소 출전 선수는 2009년 고졸 신인이던 안치홍(KIA)으로, 당시 19세 나이로 최연소 홈런까지 터뜨리며 역대 신인 최초로 최우수선수에 뽑혔다.

한때는 올스타전 전후로 사령탑 교체가 많아 그라운드에는 긴장감이 돌기도 했다. 1996년 올스타전 다음날 이광환 LG 감독이 경질됐고, 한화 강병철 감독은 1998년 올스타전 당일 경기 30분 전에 경질을 통보받았다. 축제의 장이 한순간에 초상집으로 변한 순간이었다. 김성근 쌍방울 감독 또한 1999년 올스타전 직후 유니폼을 벗었다.

최근엔 사령탑을 중도 교체하기보다 성적이 좋지 않더라도 한 시즌을 맡기는 경향이라 '올스타전 괴담'이 많이 줄었다. 그래도 혹시나 모를 '경질'이 있을까 기자들은 올스타전 전후로 꽤 긴장하는 편이다.

야알못 탈출! • 2018시즌까지는 올스타전 전후 4일이었던 휴식기가 2019시즌에는 7일간으로 확대된다. 올스타전에 출전하는 선수들의 휴식을 통한 경기력 향상이 필요하다는 현장 의견을 수렴했다.
4일 휴식은 선발투수의 경우 올스타전을 치르고 이틀 정도밖에 쉬지 못하고 마운드에 올라야 하는 불이익이 있었다. 컨디션 조절이 어려워서 감독 추천으로 올스타에 뽑히는 것을 꺼리는 투수들도 더러 있었다. 이런 점을 보완하기 위해 과거처럼 6연전을 쉬는 7일 휴식기로 회귀했다.

야구공의
죄를 묻다

〈리썰 웨폰〉. 1987년 상영된 멜 깁슨, 대니 글로버 주연의 미국 영화다. 그런데 이 영화의 제목이 미국 야구판에서 되새김된 적이 있다. 번역하면 '치명적 무기'쯤 되는데, 치명적 무기로 몰린 게 다름 아닌 무게 145g, 둘레 23cm의 야구공이다.

미국 오하이오주 데이턴은 2009년 여름 한 야구 선수의 재판으로 떠들썩했다. 사건은 2008년 7월 24일로 거슬러 올라간다. 마이너리그 싱글A 미드웨스트리그의 피오리아 치프스와 데이턴 드래건스의 경기 도중 빈볼 시비가 붙어 양 팀이 대치했다.

이 와중에 상대 더그아웃을 겨냥해 던진 피오리아 투수 훌리오 카스티요의 공이 관중석으로 날아갔다. 그의 공은 관중석에 앉아 있던 크리스 매카시(45세)의 머리를 때렸다. 매카시는 곧바로 의식을 잃고 쓰러졌으며 가벼운 뇌진탕 증세를 보여 병원으로 이송됐다. 카스티요는 체포됐다.

카스티요를 기소한 몽고메리 카운티 존 마셜 지방 검사의 논리는 명확했다. "작고 단단한 야구공은 생명까지 앗아갈 수 있는 흉기이며, 목적을 갖고 이를 누군가에게 던졌다면 상대를 해하려는 의도가 있는 중범죄에 해당한다"는 것이다. 도미니카 공화국 출신으로 영어를 전혀 하지 못하는 카스티요를 대변한 데니스 리버먼 변호사는 언론 인터뷰에서 "카스티요가 공을 던졌을 때 더그아웃에는 아무도 없었으며, 누구를 맞히려는 의도가 전혀 없었다"고 맞섰다. 카스티요 또한 "누구를 해하려고 공을 던진 게 아니다. 바닥으로 던지려고 했는데 제구가 안 됐다"고 억울해했다. 실제 시속 145km 이상의 속구를 던지는 그는 제구에 어려움을 겪고 있던 것으로 알려졌다.

1년 가까이 진행된 재판을 마치며 코니 프라이스 판사는 카스티요의 폭행죄를 인정해 유죄를 선고했다. 야구공을 '치명적 무기'로 결론 낸 셈이다. 카스티요는 이후 30일간 감옥에서 지냈으며 다시는 마이너리그에서조차 공을 던지지 못했다.

야구공을 둘러싼 논쟁

미국 야구장 내야에는 보통 안전그물이 설치돼 있지 않다. 관중의 시야를 가려서 보는 재미가 반감된다는 이유에서다.

그러나 노스캐롤라이나대학교 애덤 골드스타인 박사 등이 2007년 발표한 자료를 보면, 1978년부터 2004년까지 야구공이

나 야구 방망이 파편에 의해 사망한 미국 프로야구 관중은 최소 5명 이상이다. 또한 100만 명당 35.1명의 관중이 야구장에서 턱 골절 등 크고 작은 부상을 당한 것으로 파악됐다. 대부분 내야석에 앉아 있다가 날아든 파울공에 맞아 다쳤다.

2017시즌에는 뉴욕 양키스 토드 프레이저가 미네소타 트윈스와 경기 도중 친 파울공이 시속 169km 속도로 3루 관중석으로 날아가 세 살 아이의 얼굴을 강타한 적도 있다. 이 사고를 계기로 메이저리그 대다수 구단은 내야 안전그물을 더 높이고 외야까지 확대하는 방안을 고려 중이다.

한국 프로야구에서도 파울공에 다친 관중 소식이 심심찮게 들린다. 미국과 달리 안전그물이 설치돼 있지만 높게 솟구쳤다 떨어지는 파울공이 떨어지는 지점을 정확히 파악하기는 힘들다. 더군다나 공을 잡으려는 욕심이 더해져 더 큰 사고가 나기도 한다.

프로야구 입장권 뒷면에는 보통 파울공 사고에 대한 주의가 적혀 있다. 빨간색 굵은 글씨 등으로 강조해뒀다. "야구장 내에서 본인의 부주의(연습 혹은 경기 중 파울볼 등)로 인한 사고에 대해서는 책임지지 않으니 특히 주의하시기 바랍니다." 파울공 사고가 발생할 경우 구단은 도의적인 책임은 있겠지만 법적인 책임은 없다는 뜻이다. 대부분 구장에선 공이 관중석으로 날아갈 때 호루라기 등을 불어 알린다. 응원에 푹 빠지는 것도 좋지만 귀는 쫑긋 열어둘 필요가 있다.

야알못 탈출! • 과거 메이저리그에서는 필라델피아 필리스 소속의 리치 애슈번이 친 연속된 두 개의 파울공에 한 여성이 연달아 맞은 적도 있다. 애슈번이 처음 친 파울공은 관중석으로 날아가 여성의 코를 부러뜨렸고, 곧바로 친 두 번째 파울공은 응급처치를 위해 들것에 실려 나가던 그 여성의 몸을 때렸다.

한국 프로야구에서는 선수가 친 파울공에 그 선수의 어머니가 맞은 적도 있다. 2007년 4월, 당시 SK 소속이던 정상호가 친 공이 포수 뒤의 그물망(백스톱) 뒤로 날아가 관중석의 한 중년 여성 뺨으로 떨어졌다. '중년 여성'은 바로 정상호의 어머니였다. 어머니는 "아들의 타구에 맞았으니 괜찮다"고 했지만, 근처 병원에서 찢어진 뺨 안쪽을 치료받아야 했다.

왼손잡이 포수는
왜 없을까?

"아~ 그때 왼손잡이 글러브만 구할 수 있었더라도!"

그의 집은 가난했다. 오른손잡이용 글러브도 겨우 구했는데 왼손잡이용 글러브는 더욱 구하기 어려웠다. 그래서 그가 야구를 시작했을 때, 그는 '왼손잡이'를 버렸다. '바람의 아들' 이종범 LG 코치 이야기다.

이종범 코치는 원래 왼손잡이다. 밥도 왼손으로 먹고, 당구도 왼손으로 친다. 야구만 오른손으로 한다. 순전히 글러브 때문이다. 어린 시절 선택은 그를 최고 명품 유격수로 성장하게 했다. 하지만 타석에선 손해를 볼 수밖에 없었다. 이유가 있다.

야구에서 왼손잡이는 1루 이외의 내야 수비에 불리하다. 오른손잡이는 타구를 잡고 곧바로 1루로 공을 던질 수 있지만 왼손잡이는 송구할 때 왼쪽으로 몸을 돌려야 해서 시간이 지체된다. 0.1초 차이로 세이프와 아웃이 갈리는 야구에서는 치명적 약점이 될 수 있다. 이런 까닭에 감독들은 2루수, 유격수, 3루수 자리에 왼손잡이를 거의 쓰지 않는다.

한 통계에 따르면 1990년부터 2009년까지 메이저리그 20시즌 동안 1루수 외 왼손잡이 내야수가 출전한 경기는 단 한 경기뿐이었다. 그나마도 경기 후반 대타로 출전했다가 1이닝 동안만 3루 수비를 봤다.

프로야구에서의 왼손잡이

프로야구 경기만 보더라도 1루수 외에는 내야 수비를 하는 왼손잡이를 보기 어렵다. 1루수에는 오른손, 왼손 구분이 굳이 필요 없지만 왼손잡이를 더 선호하기도 한다. 땅볼 혹은 번트 타구를 잡고 2루로 송구할 때 오른손잡이보다 유리하기 때문이다. 1루와 2루 사이로 흐르는 타구일 경우 글러브를 낀 오른손으로 공을 낚아채기가 편리하다.

베네수엘라 출신의 미국 프로야구 선수 파블로 산도발(샌프란시스코 자이언츠)도 이종범 코치처럼 원래 왼손잡이였다. 하지만 야구 선수의 꿈을 키우면서 아홉 살 때부터 오른손으로 던지는 것을 연습했다. 동경하던 '베네수엘라의 보석' 오마르 비스켈과 같은 유격수가 되고 싶었기 때문이다. 현재 유격수가 아닌 3루수로 뛰고 있긴 하지만 이 역시 왼손잡이였다면 꿈꿀 수 없는 수비 위치였다.

왼손잡이 포수도 드물지만 이유는 약간 다르다. 오른손잡이 타자의 위치상 포수가 3루 송구에 어려움을 겪기 때문이라는 의견도 있으나 미국의 유명한 야구 저술가 빌 제임스는 다른 의견을 제시한다. "포수의 주요 조건이 강한 어깨인데, 어깨가 강한 왼손잡이 선수를 투수가 아닌 포수로 쓰긴 아깝지 않겠느냐"는 것이다.

왼손 포수는 홈플레이트 태그 플레이 때 글러브를 오른쪽에 끼고 있어 몸을 왼쪽으로 틀어야 하는 불편함도 있다. 아마추어에서는 아주 드물게 왼손 포수를 볼 수도 있지만 프로에서는 왼손 포수가 거의 없다고 생각해도 무방하다. 메이저리그에서도 마찬가지다.

왼손잡이 타자는 왼손잡이 포수와 다르다

수비 포지션에 제약이 있지만 왼손잡이 타자는 공격할 때 오른손잡이 타자보다 1.524m가량 이득을 본다. 타자 박스(오른손 타자는 포수의 왼쪽에, 왼손 타자는 포수의 오른쪽에 위치)가 1루 베이스에 더 가까워서 오른쪽 타자보다 서너 발짝 주루를 단축시킬 수 있다. 아마추어 때부터 수비는 오른손으로, 공격은 왼손으로 하는 '우투좌타'의 비율이 점차 높아지는 이유다. 후천적으로 만들어진 왼손 타자가 많다.

이종범 코치가 현역 때 우투좌타로 활약했다면 어땠을까? 한국야구는 서건창(히어로즈) 이전에 한 시즌 200안타 시대를 맞았을 수 있다. 이 코치는 자신의 경험을 반면교사로 삼아 아들인 오른손잡이 이정후에게는 왼손 타석을 권했고 이정후는 데뷔 시즌이던 2017년 신인 최다 안타 기록을 깼다.

2018 KBO리그 선수 등록 기준으로 우투좌타 비율은 16.7퍼센트였다. 2017시즌에는 28.1퍼센트였다. 메이저리그 통산 3089안타를 친 스즈키 이치로 또한 우투좌타인데 그의 내야안타 비율은 20퍼센트가 넘는다. 오른손잡이인 이치로 또한 어릴 적부터 일부러 왼손으로 타격 연습을 했다. 1루에서 살아남을 확률을 높이기 위해서였다.

반면 '파이어볼러'인 SK 외국인 투수 앙헬 산체스도 이종범 코치와 비슷한 케이스다. 그 또한 왼손잡이이면서 오른손 투수가 됐다. 열세 살 때까지 유격수와 투수 포지션을 오갔고 유격수 포지션상 오른손을 더 사용하다 보니 오른손으로 던지는 게 더 익숙해졌다고 한다.

매너가
야구를 만든다

장면 #1 0 대 0으로 팽팽한 경기. 타석에 선 타자가 냅다 후려 친 공이 좌측 담장을 넘어갔다. 타자는 너무 기쁜 나머지 두 손을 번쩍 들고 팔짝팔짝 뛰면서 1루 베이스로 달려갔다.

장면 #2 A 팀이 11 대 0으로 앞선 6회말 A팀 1루 주자가 2루로 도루를 했다. B 팀 포수는 던지는 시늉조차 하지 않았다.

장면 #3 C 투수는 D 타자에게 연속으로 홈런을 두들겨 맞았다. 감정 컨트롤이 되지 않은 C 투수는 그만 다음 타자의 등을 맞히고 말았다.

장면 1과 장면 2에 등장한 타자들의 다음 타석은 어떤 모습일까? 분명 상대 팀으로부터 몸 쪽 위협구가 강하게 날아올 것이다. 머리를 겨냥한 헤드샷까지도 대비해야만 한다. 장면 3의 경우 C 투수의 동료 야수들이 다음 공격 차례에 긴장을 많이 해야 한다, '이에는 이, 눈에는 눈'의 규칙대로 상대 투수는 그들의 등을 노릴 것이기 때문이다. 야구에는 암묵적인 규칙이 있고 이를 어길 때는 치명적인 대가가 돌아온다.

연속성의 스포츠가 만든 불문율

야구는 다른 스포츠와 달리 정규리그 동안 한 팀과 3연전 또는 2연전으로 맞붙는다. 그래서 상대의 배려 없는 행동에는 즉각 혹은 연전 기간 동안 보복이 들어온다. "그런 식으로 야구하지 말라"는 일종의 경고다.

일반적인 야구 불문율을 살펴보면 이렇다. 홈런을 친 뒤 지나친 세리머니는 자제해야 한다. 타구 방향을 계속 응시해서도 안 된다. 이 때문에 통산 최다 홈런 기록을 갖고 있는 이승엽은 '손맛'을 본 뒤 고개를 숙이고 묵묵히 그라운드를 돌고는 했다. 홈런을 맞은 상대 투수에 대한 배려였다.

홈런을 치고 천천히 걸어서 베이스를 돌아서도 안 된다. 박병호(히어로즈)는 2018년 5월 25일 롯데전에서 홈런을 기록하고 종아리 통증 때문에 천천히 걸어서 홈플레이트로 들어왔는데 이때 3루 쪽 롯데 선수들을 향해 미안하다는 제스처를 취했다. 불문율을 어겼다는 생각에서다.

점수 차가 많이 났을 때 도루나 번트를 해서도 안 된다. 이미 전의를 상실한 상대 팀에 대한 예의가 아니기 때문이다. 큰 점수 차이로 이기고 있는 팀은 잦은 투수 교체도 자제해야 한다. 9회 초 혹은 9회말 2아웃에 투수를 교체하면 다음날 1회에 무슨 일이 벌어질지 모른다. 타석에서 포수의 사인을 훔쳐봐서도 안 된다. 물론 2루 주자가 상대 팀 포수의 사인을 보고 타자에게 알려 줘서도 안 된다. 투수 또한 삼진을 잡고 지나치게 기뻐해서는 안 된다.

상대 투수가 퍼펙트게임이나 노히트노런에 도전하는데 기습 번트를 대는 것도 불문율로 금기시된다. 대기록 앞에서 정정당당하게 승부하라는 뜻이다. 2000년 7월 16일 해태-현대전에서 이런 장면이 나왔다. 당시 현대 선발 김수경은 8회까지 안타를 하나도 내주지 않은 채 3볼넷으로 호투했다. 해태가 0 대 11로 뒤진 9회초 마지막 공격에서 선두 타자 장일현은 투수 앞 땅볼로 물러났다. 노히트노런까지는 2아웃만 남은 상태. 그러나 다음 타자인 타바레스가 0(볼)-1(스트라이크)에서 2루 쪽으로 기습 번트를 대 성공했다. 김수경은 생애 첫 노히트노런을 놓쳤다. 타바레스는 후에 '불문율을 깼다'는 비난을 받아야 했다.

메이저리그에서는 불문율을 지키지 않으면서 퍼펙트게임이 무산된 적도 있다. 2001년 애리조나 다이아몬드백스의 선발투수 커트 실링이 샌디에이고 파드리스를 상대로 8회 1사까지 퍼펙트게임을 이어갔으나 샌디에이고 포수 벤 데이비스가 번트 안타에 성공하면서 대기록이 깨졌다. 밥 브렌리 애리조나 감독은 경기 후 "멍청한 짓"이라고 데이비스를 힐난했다.

불문율을 둘러싼 논쟁

야구 불문율에 대해서는 의견이 많이 갈린다. 특히 요즘 같은 타고투저 시대에는 7~8점 차이도 안심할 수가 없다. 도루나 번트를 자제해야 하는 '큰 점수 차'에 대한 기준도 제각각이다. 메이저리그에서는 7회까지 2 대 14로 뒤졌던 경기가 15 대 14로 뒤집힌 사례도 있기 때문이다. 현대 야구에서 안심할 만한 큰 점수 차는 없다는 얘기다.

1승이 중요한 승부 앞에서 상대 투수 기록 챙기기는 지나친 배려일 수도 있다. 앞서 언급한 실링의 퍼펙트게임 도전의 경우에도 점수가 0 대 2인 상황이었고, 결국 샌디에이고가 2점을 내며 동점까지 만들었다. 0 대 1인 상황이라면 퍼펙트나 노히트노런을 당하는 상대 팀의 속내는 더욱 복잡해질 수밖에 없다.

야구 경기에도 분명 지켜야 할 예의는 있다. 지나친 감정 표현은 자제해야만 한다. 그리고 상대의 작전 상황에 대해 왈가왈부하는 것도 지양해야 한다. 프로의 궁극적 목표는 결국 '승리'이니 말이다.

나의 성공이,

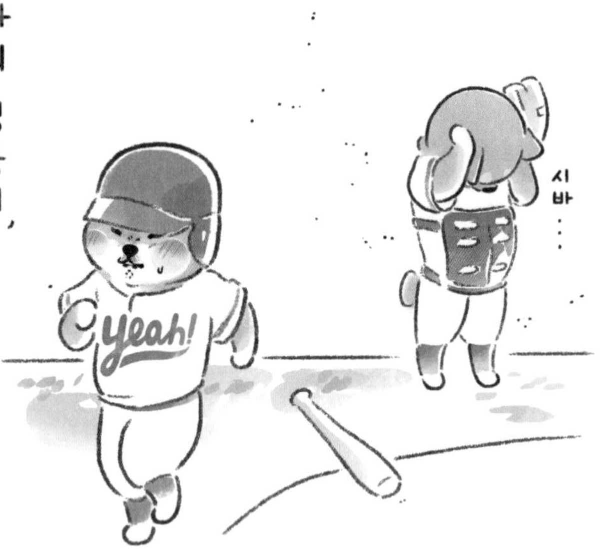

때로는 남의 실패일 수 있다.

심판실 냉동고 안 캔커피의 용도는?

심판실 안 냉장고에는 사철 캔커피가 여러 개 준비되어 있다. 그런데 냉장실이 아니라 냉동실이다. 바로 마실 수도 없게 꽁꽁 언 캔커피를 과연 어디에 쓰려는 것일까? 심판들의 필수품을 톺아보면 그들의 삶이 보인다.

프로야구 심판의 손은 경기 중 분주하게 움직인다. 삼진 아웃부터 세이프 판정 여부까지 큰 동작을 여러 차례 반복한다. 하지만 옷매무새는 흐트러짐이 없다. 심판들의 검은 가방 속에 비결이 있다.

심판 가방 속은 만물상이 따로 없다. 진통제, 파스는 기본이고 목을 보호하는 프로폴리스, 손톱깎이, 심지어 바늘쌈지까지 있다. 지방 출장이 잦아 두루두루 필요한 게 많다. 버클 없는 허리띠 같은 것도 있는데, 윗옷이 밖으로 빠져나오는 것을 막는 용도로 쓴다. 경기 내내 단정한 옷차림을 유지하는 비결이 바로 이것이다.

주심의 가방은 아주 무겁다. 얼굴 보호구와 가슴·팔꿈치 보호대, 그리고 낭심 보호대 등이 들어 있다. 심판 장비는 모두 개인 물품이다. 시즌 전에 한 번만 지급되기 때문에 소중히 다뤄야 한다. 얼굴 보호구는 주로 티타늄 재질로 만들어진다. 김성철 심판은 "철심으로 된 보호구는 공에 맞으면 앞부분이 휘어진다. 티타늄 소재 보호구는 휘지 않는 장점이 있기는 한데 용접 부분이 잘 떨어지는 단점이 있다"고 설명해줬다.

공 주머니도 빠뜨릴 수 없다. 예전에는 바깥쪽에만 방수 처리가 되어 있었는데 요즘은 안쪽까지 전부 방수 처리가 되어 있다. 한여름에 공 주머니와 맞닿은 허벅지에 계속 땀이 차올라 주머니 속 공이 다 젖기 때문이다. 초시계와 심판일지 등도 빼놓을 수 없는 필수품이다.

주심의 신발은 누심과는 다르다. 앞과 옆 그리고 윗부분이 아주 딱딱하다. "철판이 깔렸다고 보면 된다"고 한다. 부상을 방지하기 위한 것인데, 통풍이 전혀 안 돼 무좀에 걸리는 경우도 더러 있다. 한여름에는 땀이 고여서 경기 후 신발을 벗으면 물이 주르륵 흐르기도 한단다. 부동자세로 계속 서 있으니까 신발이 땀받이 역할을 한다고 하겠다. 그렇게 나름 보호장치가 되어 있기는 하지만 빠른 공에 맞으면 신발이 안쪽으로 푹 들어가기도 한다. 이때는 "피가 거꾸로 솟는 기분이 들지만" 체면상 겉으로 내색은 할 수 없다. 한바탕 땀과의 전쟁을 치른 뒤 필요한 것은 탈취제. 심판들은 경기 뒤 장비에 탈취제를 뿌려 보관한다.

심판 가방 속 만물상에서 가장 뚜렷한 테마를 꼽자면 '눈'이다. 매의 시력으로 찰나의 순간을 놓치지 않기 위해 눈의 피로를 풀어주는 물건이 여러 가지 있다. 안약은 항상 휴대하고, 요즘에는 눈 마사지 기계까지 들고 다닌다. 김풍기 심판위원장은 "세계야구클래식(WBC)에 참가해서 미국 심판들하고 경기를 준비하는데 그들도 똑같은 상표의 안약을 쓰고 있어 놀랐다. 다 같이 안약을 넣고 그라운드로 나갔다"며 웃었다. 두피를 꾹꾹 누르거나 밀어 올려 마사지해주는 플라스틱 재질의 간단한 기구도 있다. 경기 전 집중력을 높이기 위해 머리를 마사지해준다. 간단히 스트레칭을 할 수 있는 고무도 있다.

그렇다면 얼린 캔커피의 용도는 무엇일까? 머릿속에 생각한 바가 정답이다. 수험생들도 많이 쓰는 방법. 눈 주위를 차갑게 마사지해 눈을 맑게 해주기 위한 용도다. 야구 심판에게 가장 중요한 것은 눈이니까.

스즈키 이치로는
철학자다

볼카운트 3(볼)-0(스트라이크).

스즈키 이치로가 타격 연습 때 항상 머릿속에 그리는 볼카운트였다. 3(볼)-0(스트라이크)은 타자가 가장 유리한 볼카운트로, 상대 투수가 스트라이크존 안으로 공을 던질 수밖에 없다. 염경엽 SK 와이번스 감독은 "항상 자기 볼, 자기가 원하는 구종을 치겠다는 것"이라며 "많은 선수들이 자기가 가장 잘 칠 수 있는 존을 잘 모르는데 이치로는 정립이 돼 있는 것"이라고 했다. 준비를 위한 준비. "내일도 경기하기 위해 오늘 준비한다"는 이치로의 야구 열정은 결코 평범하지 않다.

평범한 체구, 가장 많은 안타

1973년생 스즈키 이치로는 2019시즌에 앞서 시애틀 매리너스와 마이너리그 계약을 했다. 2018시즌 도중 구단 직원으로 계약하며 은퇴를 하는가 싶었지만 다시 현역생활로 돌아왔다.

2018시즌까지 메이저리그 통산 성적은 2651경기 출장, 타율 0.311(9929타수 3089안타), 780타점, 1420득점, 509도루. 메이저리그 사상 30번째로 통산 3000안타 고지를 밟았고, 3000안타·500도루·통산 타율 3할(0.300) 이상으로 기록을 좁히면 역대 네 번째 선수가 된다. 일본 리그 통산 안타(1278안타) 기록과 합산(4367개)하면 피트 로즈가 보유하고 있는 야구 역대 최다 안타 기록(4256개)을 넘어선다. 일본 성적을 인정하느냐에는 이견이 있지만 이치로가 야구 역사상 안타를 가장 많이 생산해낸 선수임을 부정할 수는 없다. 이치로는 "덩치 큰 선수들의 세계에서 그저 평범한 체구(180cm, 77kg)의 선수도 세계 야구 기록을 세울 수 있다는 것을 보여주면 아이들이 야구를 보는 시각이 달라지지 않겠느냐"라고 늘 말해왔다.

야구 선수 이치로를 만든 루틴

'야구 선수' 이치로를 완성한 것은 '루틴'(행동 규칙)이다. 미국과 일본 언론에 소개되고 이치로 본인이 말하는 그의 루틴을 일부 소개하면 이렇다.

- 경기 시작 5시간 전에는 경기장에 들어간다. 같은 방식으로 스트레칭을 하고 타격 준비를 한다. 비가 올 때도 똑같다.

- 타격 연습 때는 늘 볼카운트를 '3(볼)-0(스트라이크)'로 생각한다. 배팅 훈련 때 투수들이 외야에서 뜬공을 잡으려고 할 때면 '저리 비켜라'라고 소리치기도 한다.
- 타격할 때는 쪼그리고 앉았다가 어깨를 들고 플레이트 쪽으로 다가간다. 그리고 숨을 깊이 들이마신 뒤 방망이를 쥔 오른팔을 투수 쪽으로 뻗고, 왼손으로 오른쪽 어깨를 잡는다.
- 더그아웃에 있을 때는 1인치짜리 나무 막대기로 발바닥을 문지른다. 발이 건강해야 몸도 건강하기 때문이다.
- 집에서 텔레비전을 볼 때는 시력 보호를 위해 선글라스를 낀다.
- 시즌 시작 전 마라톤 선수처럼 각 지점(일정)에서 해야 할 것을 세밀하게 짠다. 다달이 목표가 다르다. 쉽지 않은 목표를 세우기는 하지만 과대목표는 아니다.
- 매일 아침 같은 음식을 먹는다. 한때는 카레였고, 한때는 식빵과 국수였다.

"나와의 약속을 한 번도 어긴 적이 없다"라고 단언하는 이치로는 선수 시절 마치 수도승처럼 24시간 루틴 안에서 생활했다. 강한 자기 확신과 인내심으로 흔들림 없는 길을 걸었다. 초등학교 6학년 때 쓴 "꿈"이라는 제목의 작문이 이를 뒷받침한다. 그는 "내 꿈은 일류 프로야구 선수가 되는 것이다. 나는 연습에는 자신 있다. 초등학교 3학년 때부터 지금(초등학교 6학년)까지는

365일 중 360일을 강도 높게 훈련하고 있다. 계약금 1억 엔 이상을 받고 주니치 드래건스나 세이부 라이언스에 입단하겠다"라고 말했다.

훈련 중독은 마흔 살이 넘어도 계속됐다. 뉴욕 양키스 시절 팀 동료인 CC 사바시아가 "이치로는 시즌이 끝난 다음날하고 크리스마스만 쉬고 매일 훈련한다"라며 혀를 내두르자, 이치로는 "마흔 살 넘으면서 달라졌다. 하루 더 쉬고 있다"고 웃으며 되받아친 적이 있다. 1년 365일 중 3일을 제외하고 362일을 훈련한다는 얘기다. 이치로는 그런 삶을 30년 넘게 유지했다.

체구가 작아서 비록 자신이 바랐던 주니치나 세이부에 입단하지는 못했으나 이런 끊임없는 노력 덕에 일본 오릭스 블루웨이브(현 오릭스 버펄로스)에 입단해 7년 연속(1994~2000년) 타격왕에 올랐고 메이저리그 최초 10시즌 연속 200안타(2001~2010년), 시즌 최다 안타 신기록(262개, 2004년)을 세울 수 있었다.

타석에서는 최대한 마음을 비우려고 한다. 냉정하게 방망이만 돌리는 타격 기계가 되는 것이다. 감정이나 몸 상태의 영향을 받지 않게 되면 온전히 타격하는 것에 집중할 수 있다. 매일 훈련을 하다 보면 실밥까지 보이게 되고 실밥의 어떤 부위를 때려야만 내가 원하는 곳으로 공을 날릴 수 있을지 알게 된다. 그게 내가 냉혹하게 훈련하는 이유다.

이치로만의 장점

우투좌타인 이치로는 "초등학교, 중학교 때 타격 이론을 이미 세웠다"고 말한다. 2001년 메이저리그 진출 뒤 일본에서는 접해보지 못한 빠른 공에 대응하기 위해 타격할 때 오른쪽 다리를 드는 것(레그킥)을 없앴을 뿐이다.

〈뉴욕타임스〉는 이치로를 "그라운드를 캔버스로 만드는 아티스트"라고 표현했다. 자유자재로 공을 날리면서 야구 그 이상을 보여준다는 의미다. 일부 전문가는 이치로의 타격을 테니스에 비유하기도 했다. 시애틀 매리너스 존 모지스 1루 베이스코치는 "이치로는 손에 테니스 라켓을 쥔 것처럼 타격을 하는데, 마치 서브 에이스를 기록하려는 듯 유격수 머리 쪽으로 타구를 날린다"고 말했다. 〈스포츠 일러스트레이티드〉리 젱킨스 기자의 견해도 비슷했다. "이치로는 테니스에서 다운더라인을 할 때처럼 공을 깎아 친다. 발리처럼 칠 때도 있고 수비가 앞쪽으로 당겨서 있을 때는 수비수 뒤로 떨어지는 드롭볼을 칠 때도 있다. 톱 스핀 드라이브를 날릴 때도 있다. 공을 예측한 곳으로 정확히 날리는 능력이 있으며 타격 때마다 다른 테크닉을 사용한다." 그만큼 타격이 정교하다는 뜻이다.

이치로는 빠른 배트 스피드와 함께 빠른 발로도 유명했다. 2004년 기록한 안타 262개 중 54개가 내야안타였을 정도로 짧은 내야 타구에도 1루에서 세이프하고는 했다. 어떤 시즌에는 내야안타 비중이 27~28퍼센트에 이르기도 했다. 한데 정작 스스로는 "특별히 발이 빠르지는 않다"고 말한다. "단지 테크닉"이라는 것이다. 이치로는 "왼손 타자이고 타격할 때 타자 박스에서 투수 쪽으로 더 붙어 있어서 그런 것"이라고 설명한다. 그는 홈플레이트에서 1루까지 3.7초에 주파하는 것으로 알려져 있다.

SK 염경엽 감독은 현대 유니콘스 선수 시절 일본 스프링캠프에서 이치로를 직접 지켜본 적이 있다. 오릭스 선수였던 이치로는 "훈련 방법부터 시작해서 준비가 완벽한 사람"이었다. 염 감독은 "하루는 이치로가 실내연습장에서 변화구 콘택트를 연습하고 있었다. 기계로 공 빠르기를 조절해서 연습하고 있었는데 속구 타이밍에 나갔다가 변화구를 콘택트하는 것을 계속 같은 방법으로 끊임없이 했다. 기계 속도를 시속 150km로 올려놓고도 아주 편하게 쳤다. 연습 방법이나 연습량이 남달라서 '나중에 코치가 되면 후배들을 이치로가 하는 것처럼 가르쳐야지' 싶었다"고 말한다.

염 감독은 은퇴 후 이치로와 관련된 일본 책을 손수 구해 타격 요령 등을 따로 정리해뒀다. 그는 "이치로의 타격 이론을 보면 획기적인 것이 많다. (왼손 타자 기준으로) '오른쪽 어깨를 빨리 닫아라'라는 식이 아닌 '모든 중심을 왼쪽 어깨에 맞춰라'라는 식으로 선수들에게 단순하고 간단하게 가르쳐줄 수 있는 타격 이론이 많다"고 강조한다.

이치로의 운동법

이치로는 웨이트트레이닝도 자신만의 방법으로, 자신만의 기구로 했다. 〈월스트리트 저널〉 등의 보도에 의하면 이치로는 비시즌 겨울, 일본 호텔에서 묵을 때 호텔 창고를 개인 트레이닝 공간으로 탈바꿈시킨 뒤 특수제작된 기구로 훈련했다. 일반 웨이트트레이닝 기구는 기구별로 특정 부위만 강화되게 설계돼 있지만, 이치로가 사용하는 트레이닝 기구는 야구를 할 때 사용되는 어깨, 골반, 엉덩이 쪽 근육을 한꺼번에 단련할 수 있었다. 일본 기업인 월드윙 엔터프라이즈에서 이치로만을 위해 맞춤 설계한 기구였다. 〈월스트리트 저널〉은 "이 트레이닝 기구는 근육의 이완과 긴장을 반복시키면서 유연성을 증가시켜 몸의 동작 반경을 넓혀준다"고 했다. "38세 이치로의 몸에 체지방이 6퍼센트에 불과했던"(시애틀 매리너스 트레이너) 이유라 하겠다.

이치로는 "한때는 몸무게에서 힘이 나온다고 믿었지만 지금은 아니다. 나의 잠재된 힘을 최대치로 끌어올리는 방법을 이제는 안다"면서 "나는 유연성이 나에게 힘을 준다고 믿는다. 유연성이 나의 무기"라고 말한다. 이치로는 미국 집과 일본의 부모 집, 그리고 경기장에도 개인 웨이트트레이닝 기구를 설치해 하루 세 번 운동을 했다. 이치로는 늘 "지난해 어땠는지는 기억하지 않는다. 해마다 (변화하는) 내 몸에 적응해야만 한다. 그게 프로 선수로 살아가는 방법"이라고 말하곤 했다. 그가 "쉰 살까지 야구를 하겠다"고 했을 때 전문가들이 "이치로라면 가능할지도 모른다"고 했던 근거는 이렇게 철저한 자기 관리였다. 이치로는 2001년부터 2012년까지 12년 동안 단 한 시즌(2009년, 146경기) 만 제외하고 매해 157경기 이상 출전했다(정규시즌 전체 경기 수가 162경기다).

철학자 이치로

김성근 전 한화 이글스 감독은 "이치로는 철학자"라고 정의한다. "발상 자체가 다르다"라며, "자신의 생각이나 행동 안에서 움직인다. 신념이 확고해서 옆에서 보면 '미친놈'처럼 보일 수도 있지만 자기 일(야구)의 긍지를 쫓아다닌다"고 했다. 실제로 이치로는 극한, 극기의 모습을 보여주면서 메이저리그에서 교타자가 살아남는 법을 보여줬다. 자신이 세운 목표에는 물음표를 달지 않았다. 메이저리그 타격왕 등 남들이 한때 비웃은 목표도 기어이 달성해냈다. 확실한 야구 철학과 확고한 신념, 그리고 야구에 대한 헌신이 있었기에 가능한 일이다.

나는 성공이라는 말을 좋아하지 않는다. 너무 임의적이고 상대적인 말이기 때문이다. (성공이라는 것은) 내가 아닌 누군가가 정하는 것 아닌가. 누군가의 인정을 받기 위해 분투하는 것은 겉치레일 뿐이다. 자기 자신에게 인정받기 위해 싸워야만 한다. 아무리 훌륭한 타자여도 타석에서 열 번 중 일곱 번은 실패한다. 나는 여러 차례 실패를 거치면서 좀 더 나은 타자가 되기를 원해왔다. 어떤 사람들은 나를 타격 천재라고 부르지만 나는 천재가 아니다. 부상당하지 않아 계속 경기에 출전해왔고 늘 한 베이스 더 가는 것을 갈구하면서 야구를 해왔을 뿐이다. 나는 그저 특별한 하루 없이 매일을 똑같이 살아가면서 연습처럼 경기하고 연습처럼 경기를 끝낸다. 그렇게 하기 위해 피나는 훈련을 하고 준비를 한다. 나는 과거의 업적 때문이 아니라 미래에 내가 달성할 것들 때문에 나 자신이 자랑스럽다. 그게 나의 삶의 모토다.

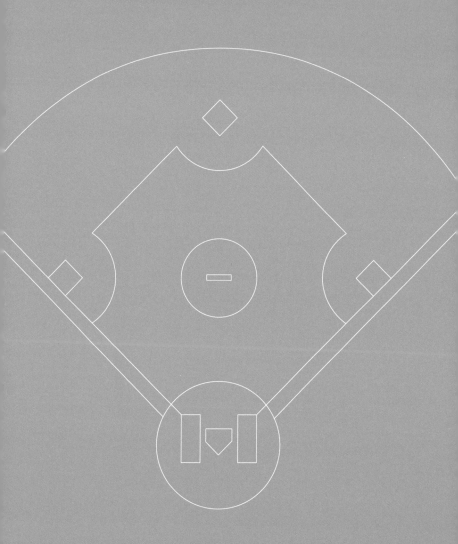

Part 3
절반은 탈락한다

8월

선수들의 여름은
다르다

폭염 속 선수들의
몸보신 방법

2017시즌 KBO리그 평균 경기 시간은 3시간 17분이었다. 프로야구는 다른 스포츠와 달리 1주일 동안 6경기를 치러야만 한다. 저녁때도 기온이 30도 안팎에 머무르는 여름이면 '고난의 행군'이 이어진다.

혹서기(7~8월)에는 낮 경기가 없는 게 다행이지만 전날 연장 경기라도 치르고 나면 오전에 일어나기조차 힘들다. 상대를 마주하기 전에 제일 먼저 싸워야 하는 것은 내 몸이 된다. 그래서 여름철 선수들에게 가장 필요한 것은 고단백 영양식이다. '체력은 국력'이 아니라 체력은 돈과 직결되기 때문이다.

선수들의 보양식

무더운 여름철 체력 보충을 위해 먹는 음식은 선수마다 제각각이다. 박용택(LG), 이범호(KIA), 정근우(한화) 등은 한약을 먹는다. 몇몇 구단은 여름이 되면 선수 개개인에게 맞춤식 한약을 지어주기도 한다.

　김현수(LG)는 홍삼을 선호한다. 유한준(kt)은 여름철이 되면 인삼 뿌리를 주전부리처럼 수시로 씹어 먹는다. 복분자즙, 흑마늘즙도 애용한다. 두산 타격코치인 강동우도 현역 시절엔 힘이 떨어질 즈음해서 홍삼 농장을 하는 친구에게 전화를 걸곤 했다.

　'홈런왕' 최정(SK)은 장어와 전복을 먹는다. 더불어 절대 식사를 거르지 않는다. 최정은 "여름이 되면 탄수화물 섭취에 신경을 많이 쓴다. 안 먹혀도 억지로 한 그릇 이상 밥을 꼭 먹는다"고 했다. 큰 부상 없이 경기에 꾸준히 출전해 '금강불괴'로 불리는 최형우(KIA)도 "홍삼이나 보약 같은 게 몸에 받지 않는다"며 '밥심'으로 여름을 버틴다. 이대호(롯데)나 강민호(삼성) 또한 "평소처럼 먹으면서 여름을 난다"고 말한다.

　김태균(한화)과 양의지(NC)는 장어로 여름을 난다. 박경수(kt)도 장어즙을 챙겨 먹는다. 김태균은 구하기 힘든 '귀 달린 장어'를 보양식으로 먹는데 부친의 지인으로부터 공수한다. 이승엽도 장어를 좋아해서 거의 매일 식탁에 장어가 오르곤 했고, 이종범도 자연산 장어만 고집해 먹어서 '장어 귀신'으로 불렸다. 박찬호도 장어 마니아였다.

특이한 보양식 마니아들

특이한 식재료라면 뱀이 빠질 수 없다. 송승준(롯데)이 뱀탕을 즐기고 2018시즌 후 은퇴한 이진영도 "보양식은 뱀이 최고"라고 꼽았다. 손민한 코치는 현역 시절 고단백 보양식인 개소주와 보신탕을 여름나기 음식으로 한 주에 한 번씩 먹었다. 윤학길 한화 코치는 선수 때 고래 고기를 챙겨 먹었다. 박종훈(SK)은 삼계탕 마니아다. 여름이 되면 아내와 함께 삼계탕집을 즐겨 찾는다.

종류를 가리지 않고 닥치는 대로 보양식을 챙겨 먹은 이는 선동열이었다. 가물치탕, 장어탕, 뱀탕, 노루 피 등 몸에 좋다는 음식은 거의 다 먹었다. 소뼈를 고아 물처럼 마시기도 했다. 통산 평균자책점 1점대(1.20)의 전무후무한 기록은 더운 여름을 잘 났기 때문에 가능했다.

2007년 KBO리그에 도핑 테스트가 도입되면서 선수들은 보양식 선택에 더 신중을 기하는 편이다. 아토피 치료를 위한 스테로이드계 연고만 써도 도핑 테스트에서 양성 반응이 나온다.

선수들은 치료 목적으로 금지 약물을 써야 할 때는 반드시 사용면책 신청서(TEU)를 제출해야 한다. 그렇지 않으면 최소 10경기 출장정지의 징계를 받는다. 일본 프로야구에서는 발모제를 복용했다가 20일간 출장정지를 받았던 사례도 있다. 선수들이 보약 등의 조제식보다 장어 등의 천연식을 선호하게 된 이유다.

전문가들은 보양식도 좋지만 규칙적인 식사와 충분한 잠을 조언한다. 여름철 찬 음식을 피하고 에어컨 바람에 장시간 노출되지 않는 것도 체력을 유지하는 하나의 방법이다.

야알못 탈출! ● 뜨거운 땡볕 아래에서 경기하는 것은 힘들다. 머리 위로 작렬하는 태양의 열기를 식히기 위해 몇몇 선수는 기발한 아이디어를 내기도 한다. 박명환이 그랬다. 2005년 6월 잠실 한화전에서 역투하던 박명환의 모자가 벗겨졌는데 이때 양배추 한 잎도 함께 떨어졌다. 더위를 식히려 모자 안에 양배추를 넣었던 것. 하지만 이는 야구규칙("1.11.d항. 각 선수는 유니폼과 다른 색깔을 띤 테이프나 이물질을 유니폼에 붙여서는 안 된다")에 어긋나는 것이었고, KBO는 타자의 타격에 영향을 끼칠 수 있다는 판단 아래 '양배추'를 금지했다. 그때부터 박명환의 별명은 본의 아니게 '양배추' 혹은 '박배추'가 됐다고….

'여름 사자'는
강하다

8월의 대구는 강렬하다. 괜히 '대프리카'라고 불리는 게 아니다. 취재할 때 야구장 안에서도 헉헉댔다. 지금은 홈구장이 대구 삼성 라이온즈파크로 바뀌었지만 예전 시민야구장에서는 그 뜨거움이 말로 다 표현할 수 없을 정도였다. 인조잔디에서 올라오는 복사열 때문에 그라운드가 후끈후끈했다. 41도, 42도를 훌쩍 넘었다. 슬라이딩을 하면 화상이 절로 따라왔다.

8월의 시민야구장

한여름 시민야구장 1루 더그아웃의 명당은 당연히 에어컨, 선풍기 앞이었다. 대구 시민야구장은 1루 더그아웃을 원정팀이 사용했는데, 따가운 햇살에 그대로 노출되는 단점 때문이었다. 자연히 홈팀인 삼성은 3루 더그아웃을 썼고, 대구삼성 라이온즈파크로 홈구장을 옮긴 뒤에도 그대로 3루 쪽을 쓰고 있다.

시민야구장 더그아웃 옆에는 원정 선수들이 쓰는 샤워룸이 있었다. 여기자가 많지 않았던 때 선수들은 샤워를 끝내고 무심히 웃통을 벗은 채 나왔다가 나와 눈이 마주치고는 후다닥 다시 샤워실로 들어가고는 했다. 이럴 때는 구단 매니저가 나서서 "아~ 김 기자님, 조금만 피해주시죠"라고 말하곤 했다. 경기 전 선수들 컨디션도 중요하니까 나는 항상 더그아웃을 등지고 그라운드를 바라보면서 선수 혹은 감독과 얘기를 나눴다. 그때의 내 상태는 얼굴에선 땀이 흐르고 등은 시원한 그런 상태였다고 할까.

경기가 끝난 뒤 기자실 문을 열고 밖으로 나올 때는 "헉" 하는 소리가 저절로 나왔다. 흡사 습식 사우나에 온 듯한 느낌이었다. 밤 10시가 넘어도 그런데 경기 중에는 오죽할까. 원정팀이 대구에서 성적이 나지 않는 것도 이런 날씨 탓이 크다고 할 수 있다. 반대로 삼성은 여름만 되면 '여름 사자'라는 별명답게 펄펄 날았다. 이미 더위에 익숙한 팀과 한 달에 한두 번 정도만 3연전을 치르는 팀이 같을 수는 없다. 익숙함의 차이다.

'여름 사자'는 성적으로 증명된다

2000년 이후 삼성이 7~8월 승률이 5할 이하로 내려간 경우는 단 한 차례(0.400, 2017년)밖에 없다. 이때도 정규리그 승률(0.396)보다 높았다. 통산으로 따져봐도 삼성은 다른 구단보다 7~8월에 강했다.

구단 역사상 최초로 정규리그 9위로 추락했던 2016년(승률 0.455)에도 7~8월에는 20승 20패 1무(승률 0.500)를 기록했다. 2010년에는 31승 11패(승률 0.738)로 승승장구하면서 정규리그 2위에 올랐다. 7~8월 승수를 빼면 삼성의 2010시즌 성적은 48승 41패 2무(승률 0.539)였다. 여름의 질주가 사자 군단의 2위를 이끌었다.

2018시즌에도 삼성은 7~8월에 거세게 몰아붙였다. 19승 14패 2무(승률 0.576). 그 이전까지 삼성은 35승 45패 1무(승률 0.438)였다. 여름이 끝난 9월부터는? 14승 13패 1무(승률 0.519)의 성적을 거뒀다. 기막히게 들어맞는 여름의 법칙이다. 삼성은 여러모로 2018년 자카르타 아시안게임 탓에 8월 중순부터 2주가량 시즌 경기가 열리지 않은 게 아쉬울 따름이었다. 만약 아시안게임 브레이크가 없었다면 포스트시즌에 진출했을지도 모른다. 더위를 잊은 사자는 그 무엇보다 강하다.

삼성 라이온즈의 연도별 7~8월 승률

연도	승률	승	패	무
2000	0.650	26	14	3
2001	0.636	21	12	0
2002	0.594	19	13	4
2003	0.538	21	18	0
2004	0.641	25	14	0
2005	0.629	22	13	3
2006	0.579	22	16	1
2007	0.575	23	17	0
2008	0.552	16	13	0
2009	0.523	23	21	0
2010	0.738	31	11	0
2011	0.600	24	16	0
2012	0.667	26	13	0
2013	0.561	23	18	0
2014	0.590	23	16	0
2015	0.644	29	16	0
2016	0.500	20	20	1
2017	0.400	18	27	1
2018	0.576	19	14	2

공 보고
공 치기

"극단적인 오픈 스탠스죠."

"팔로 스루가 좋지 않아요."

"레벨 스윙보다 어퍼 스윙을 합니다."

스탠스? 팔로 스루? 어퍼 스윙? 레벨 스윙? 야구 중계방송을 보면 해설위원들이 저마다의 기준으로 타자의 타격 폼에 대해 설명한다. 그들의 입에서 가장 많이 흘러나오는 단어가 스탠스, 팔로 스루, 그리고 최근에는 어퍼 스윙과 발사 각도다.

단순하게 말하면 '공 보고 공 치는 일'을 하기 위해 선수들은 타석에서 여러 자세를 취한다. 자기만의 타격 폼을 만들기 위해 수십, 수백만 번 반복 행동을 하고 0.4초 이내에 반응하도록 몸을 숙련시킨다. 물론 투수들도 같은 폼으로 같은 위치에서 공을 놓기(릴리스 포인트) 위해 반복해서 던지고 또 던진다.

스탠스, 공을 보는 자세

우선 '스탠스'는 타자가 투수를 보고 서 있는 자세라고 생각하면 된다. SK 로맥처럼 어깨너비만큼 벌린 양발 모두 투수를 향해 일직선상에 있으면 '스퀘어 스탠스'라고 한다. 가장 기본이 되는 스탠스다. 한화 호잉처럼 투수 쪽으로 향해 있는 앞발이 홈플레이트 기준으로 뒷발보다 바깥쪽으로 빠져 있으면 열린 형태의 '오픈 스탠스', 앞발이 뒷발보다 안쪽으로 향해 있으면 닫힌 형태의 '클로즈드 스탠스'가 된다. 텔레비전 중계 화면에서 타석에 선 타자의 등번호가 보인다면 클로즈드 스탠스라고 생각하면 된다.

오픈 스탠스 홈런을 많이 때리는 선수들이 취하는 자세다. 중심 이동을 강하게 할 수 있는 장점 때문에 힘 있는 선수들이 선호한다. 이승엽은 일본 진출 전에 스퀘어 스탠스였다가 오픈 스탠스로 바꾸기도 했다. 오픈 스탠스를 취하면 투수를 보는 시야가 편해지는 장점이 있다. 하지만 때에 따라 몸 쪽 공과 투심처럼 떨어지는 공에 약점을 보일 수 있다.

클로즈드 스탠스 중심축이 흔들리지 않는 것이 장점이다. 타격의 정확성이 높아진다는 뜻이다. 배트 스피드가 빠르거나 '컨택(콘택트)' 위주인 타자들이 선호하는데 최근에는 장타 생산성을 높이기 위해 오픈 스탠스를 하는 타자들이 많다.

스퀘어 스탠스

오픈 스탠스

클로즈드 스탠스

스윙, 공을 치는 방법

레벨 스윙 수평으로 날아오는 공에 그대로 방망이의 궤적을 맞추는 스윙이다. 스윙 궤적이 지면과 평행한 모습을 보인다. 라인드라이브성 타구가 많이 나오는데 홈런을 터뜨리기는 쉽지 않다. "방망이 결대로 친다"라고 하면 보통 레벨 스윙을 지칭한다.

어퍼 스윙 밑에서 퍼 올린다는 느낌을 준다. 제대로 맞으면 비거리가 늘어나 장타성 타구가 많이 생산되지만 정확성이 떨어지기 때문에 삼진 확률도 덩달아 높아진다. 홈런 군단이라고 불리는 SK 와이번스 타자들은 대부분 어퍼 스윙을 구사한다. 2014년부터 몇 년 동안 타고투저 기조가 이어지면서 힘 있는 국내 타자들은 현재 대부분 어퍼 스윙을 하고 있다.

최근 들어 타격을 설명할 때 가장 많이 입길에 오르는 것이 '발사각'이다. 메이저리그 통계 자료인 '스탯캐스트'에 따르면 홈런을 위한 이상적인 발사 각도는 27~33도다. 선수들은 퍼 올리는 어퍼 스윙을 통해 발사 각도를 높이려고 하는 추세다. 스윙 궤도를 수정해 뜬공을 양산해내겠다는 의도다.

팔로 스루 이 자세는 타격의 마지막 단계다. "팔로 스루를 길게 끌고 나와야 한다"라고 말하는데 이때 양팔을 사용하는 선수도 있고 한쪽 손만 이용하는 선수도 있다. 타자들의 타격 자세를 자세히 살펴보면 저마다의 자세로 공 치기 과정을 끝내는 것을 확인할 수 있다.

스프링캠프 때마다 선수들은 타격 폼 수정을 얘기한다. 하지만 결코 쉽지 않다. 이미 몸에 밴 습관을 빼고 새로운 습관을 주입해야만 하는 일이기 때문이다. 타격 폼을 수정하려다가 오히려 더 망가지는 경우도 있다. A 선수에게 맞는 타격 기술이 B 선수에게는 맞지 않을 수도 있다. 중요한 것은 개개인의 체형과 성향이다. 그만큼 타격코치의 역할이 중요하다.

20대의 타격 폼을 30대까지 유지하는 것도 어리석은 짓이다. 20대의 몸과 30대의 몸은 다르기 때문이다. 슬럼프에 빠진 타자가 4타수 3안타를 기록한 뒤 "몇 년 전 좋았던 타격 폼을 기억해 냈다"라는 식으로 말한다면 의구심을 품을 필요가 있다. 그의 몸은 몇 년 전과는 분명 달라졌고 그에 맞는 타격 폼은 다를 것이기 때문이다.

야알못 탈출! 4타수 4안타를 치는 등 소위 '미친' 타격 솜씨를 뽐내는 타자들이 으레 하는 말이 있다. "공이 수박만 하게 보인다." 스즈키 이치로는 "공의 실밥까지 본다"라고도 하지만 이는 사실이 아닐 가능성이 농후하다. 투수의 손끝을 떠난 공은 0.4초 안팎의 찰나에 포수 미트에 꽂히는데 이를 눈으로 따라가기란 거의 불가능하다. 전문가들은 "공을 실제로 본다고 뇌가 거짓말을 시키는 것"이라며 "타자는 반복운동에 의해 반사적으로 공을 쳐낼 뿐"이라고 말한다. '공 보고 공 치기'는 사실상 있을 수 없다는 뜻이다.

'버릇' 없이 굴어야 산다

야구는 과연 정직한 스포츠일까? 아니다. 상대의 조그만 버릇까지도 잡아내 공격과 수비에 이용하는, 조금은 치졸해 보이는 스포츠가 바로 야구다. '지피지기면 백전불태', 상대를 알고 나를 알면 백 번 싸워도 위태롭지 아니하다던가. '버릇' 없이 굴어야 프로야구에서는 살아남는다.

타자들은 투수가 글러브를 잡는 방법이나 투구할 때 손의 위치 등으로 구질을 알아낸다. 어떤 투수는 공 던지는 순간의 입모양으로 타자에게 고스란히 구질을 알려주는 이도 있다. 롯데염종석의 경우는 글러브 모양이 문제였다. 포크볼을 던질 때 평소와 달리 글러브가 벌어져서, 그 공을 노리고 타석에 들어선 타자들에게 통타당하곤 했다. 이런 버릇은 무의식중에 하는 행동이라 고치기까지는 제법 시간이 걸린다.

2008년 잠실야구장에서 열린 SK와 두산의 한국시리즈 3차전 때도 투구 버릇이 입길에 올랐다. 두산이 1 대 3으로 뒤진 7회말, 선두 타자로 나온 두산 포수 최승환은 SK 투수 조웅천의 115km 커브를 받아쳐 솔로 홈런을 터뜨렸다. 최승환은 경기 뒤 인터뷰에서 "구종에 따라 조웅천의 팔 높이가 약간 다른 것을 이용해 미리 구종을 알고 쳤다"고 말했다. 조웅천의 투구 습관, 이른바 '쿠세'를 간파한 것이다('쿠세'는 일본식 야구 용어다).

버릇을 끄집어내는 대상은 비단 투수에 국한되지 않는다. 도루를 시도하려는 누상의 주자도 습관이 있다. 이종범은 도루를 시도할 때 몸을 좌우로 흔드는 버릇이 있었다. 도루왕을 다섯 번이나 했던 김일권은 도루하기 직전에 습관적으로 발 앞꿈치와 뒤꿈치를 이용해 슬금슬금 2루 쪽으로 가곤 했다.

명포수 출신인 조범현 전 kt 감독은 "주자들은 2루로 뛰려고 할 때 일반적으로 중심을 오른쪽에 두거나 앞쪽에 둔다. 주자들의 움직임을 보고 포수는 견제나 송구 준비 등의 대비를 미리 하게 된다"고 설명했다. 주자의 버릇을 잘 포착해내는 '현미경' 포수는 도루 저지율도 상대적으로 높다.

타자에게도 버릇이 있다. 자기가 노리던 공이 들어오지 않았을 때 순간적으로 반응하는 동작이다. 베테랑 포수는 종종 초구에 대한 타자의 반응을 살펴 변화구를 노리는지 속구를 노리는지 간파한다. 방망이 스윙 궤적과 발의 위치, 몸의 움직임 등을 곁눈질로 파악하고 타자와 수 싸움을 시작한다. 현역 시절 최고 포수로 이름을 날렸던 박경완 SK 코치는 "초구나 두 번째 공이 날아올 때 타자들의 움직임을 보면 '아, 이 선수가 변화구를 노리는구나' 싶을 때가 있다. 경험을 이용해 감으로 느끼는 것"이라고 했다.

2008시즌부터 프로야구 전 경기가 케이블 텔레비전으로 중계되면서 선수들의 버릇을 잡아내기가 더 쉬워졌다. 전 경기를 녹화해서 상대 팀 선수를 분석할 수 있다. 텔레비전이라는 제2의 전력분석원 앞에서 선수들은 더욱 '버릇' 없는 사람이고자 할 터이다.

9월

끝날 때까지
끝난 게 아니다

신인 드래프트,
10퍼센트의 미소

야구 기자를 오래 하다 보면 늘 듣는 질문이 있다.

"우리 아들 야구 시켜도 될까요?"

초등학생인 아들이 리틀야구에서 뛰고 있는 지인도 같은 질문을 한다.

"야구를 계속 시켜도 될까?"

초등학교 때까지 야구는 '취미'가 될 수 있지만 중학교에 올라가는 순간 선택이 필요하다. 'GO'인지, 'STOP'인지.

내가 해주는 답은 특별할 것 없다.

"아이가 좋아한다면 계속하게 해야겠지만 그 길이 결코 쉬운 길은 아니에요."

90퍼센트의 갈림길

2018년 9월 10일 오후, 2019 KBO리그 신인 2차 지명회의(드래프트)가 열렸다. 드래프트에 참가한 선수는 모두 1072명이었다. 고교 졸업 예정자 805명, 대학 졸업 예정자 257명, 해외 아마추어 및 프로 출신 10명이 프로구단들의 선택을 기다렸다. 이날 10개 구단의 선택을 받은 선수는 총 100명. 우선지명 10명까지 합하면 110명이 2019년부터 프로 유니폼을 입게 됐다.

드래프트 대상자였던 1072명 중 972명은 갈림길에 섰다. 프로에 지명을 받지 못한 선수들은 대학 야구팀으로 갈지, 육성선수(연습생) 신분으로 프로에 입단할지, 야구를 그만두고 다른 일을 알아볼지 선택해야 한다. 호주 세미프로리그나 일본 독립리그 진출이라는 선택지도 있다.

여러 길 앞에서 때로는 부적절한 언행이 나오기도 한다. 대학 야구팀으로 가는 것도 일부 선수만 가능하기 때문이다. 대학마다 운동부 총원은 제한돼 있고, 수요자는 많다. 분당 중앙고등학교 감독을 지낸 김진욱 전 kt 위즈 사령탑은 "프로 신인 드래프트에서 떨어진 선수의 부모가 대학에 가게 해달라면서 돈뭉치를 들고 찾아왔었다. 그 돈으로 유학을 보내든 아니면 다른 일을 시키라고 돌려보냈다"고 고백한 적이 있다. 신인 드래프트 탈락은 그만큼 부모나 선수, 감독 모두에게 견디기 힘든 일이다. '프로야구 선수'라는 꿈만 꾸며 거기까지 왔기 때문이다.

구단 지명을 받았다고 곧장 장밋빛 미래가 펼쳐지는 것도 아니다. 지명 선수들 중 데뷔 연도에 프로 1군 무대에 서는 선수는 고작 20퍼센트 남짓이다. 80퍼센트는 2군 퓨처스리그에서 경쟁하거나 고등학교 시절 혹사의 여파로 수술 뒤 재활에 매진한다.

프로야구 신인 드래프트의 시작

프로야구 신인 드래프트는 1983년부터 실시됐다. 지역 연고 선수에 대한 우선지명(1차 지명)을 먼저 하고 이후 2차 지명을 전체적으로 하게 된다. 2차 지명의 경우 전년도 순위의 역순으로 지명한다.

2010년부터 2013년까지는 일시적으로 우선지명 제도가 사라지고 전면 드래프트가 시행되기도 했지만, 연고 지역 아마추어에 대한 지원이 급격히 줄어드는 부작용이 생기면서 2014년부터 우선지명 제도가 부활했다. 우선지명은 한때 3명까지도 가능했지만 현재는 1명만 할 수 있다. 또한 타 연고지 전학생과 유급생은 우선지명이 불가능하다. 2018년 신인 최대어로 꼽힌 강백호(kt)도 타 연고지 전학생이라는 이유로 우선지명 되지 못했다.

신인 계약금은 1990년대만 해도 액수가 그리 크지 않았으나 박찬호의 성공으로 메이저리그 진출을 원하는 아마추어 선수가 늘어나며 급등했다. 수준급의 아마추어 선수를 국내 리그에 눌러 앉히려면 상당한 계약금이 필요했기 때문이다. 이런 분위기 속에서 삼성 이정호가 5억 3000만 원, 김진우가 7억 원, 한기주가 10억 원의 계약금을 받았다.

높아진 신인 계약금은 FA 취득 연수에도 어느 정도 영향을 미친다. 프로야구선수협회는 현재의 FA 취득 기한(고졸 9년, 대졸 8년)을 6~7년 정도로 줄이고 싶어 하지만 구단들은 높은 신인 계약금 등을 이유로 난색을 보이고 있다. 계약금은 일종의 선수에 대한 투자금이기 때문이다.

특별 드래프트도 있다

2007년 4월에는 신인이 아닌 해외 진출 선수에 대한 계약 우선권을 두고 특별 드래프트가 열리기도 했다. 1999년 이후 해외에 진출해 5년이 경과한 추신수, 김병현, 류제국, 이승학, 채태인 등 5명이 대상이었다.

추첨으로 정한 순서에 따라 LG는 류제국, 두산은 이승학, 삼성은 채태인, 현대는 김병현을 지명했다. 그렇다면 지금까지도 메이저리그에서 맹활약 중인 추신수는 어떤 팀이 지명했을까? 바로 추첨으로 1번 지명권을 뽑은 SK였다. 당시 추신수는 국내 리그에서 뛸 생각이 전혀 없었으나 SK는 '혹시나' 하는 마음에서 추신수를 지명했다. 결국 그의 마음을 돌리지는 못했지만.

추신수에 대한 SK의 지명권은 현재까지도 유효하다. 추신수가 국내 무대에서 뛴다면 SK 유니폼을 입게 된다. 하지만 2014년 메이저리그에서 7년 총액 1억 3000만 달러(당시 환율로 1328억 원)에 계약한 추신수가 국내 리그에서 뛰는 날이 올 수 있을까.

끝장 순위 싸움,
방심은 금물

    각 구단 감독실 안은 엇비슷하다. 먼저 1·2군 선수 상황판이 한쪽 벽면을 차지한다. 포지션별로 선수 이름표가 붙어 있다. 감독들은 수시로 상황판을 보면서 1군 엔트리를 구상하고 주전으로 나설 선수를 고른다. 선발 로테이션과 불펜 투수들을 구분하기도 한다.

    감독실마다 달력이 그려진 화이트보드도 있다. 한 달 경기 일정이 육필로 담겨 있다. 보통 매니저 담당이다. 지난 경기 일정에는 ○나 ×가 표시돼 있다. 가끔 △ 표시도 있다. 짐작했는가? 경기 결과다. 상위권 팀에는 ○가, 하위권 팀에는 ×가 더 많다. 화이트보드가 아니더라도 탁상달력 위에 ○, ×, △ 표시가 돼 있다.

    감독들은 보통 한 달 목표를 5할 승률로 삼는다. 포스트시즌 진출 마지노선을 5할로 보기 때문이다. 달마다 5할 승률을 기준으로 '±'를 표시해둔다. 34승 29패라면 '+5', 29승 34패라면 '-5'로 표시된다.

후반기에는 조금 더 적극적으로 승부를 건다. 상대 팀의 선발 로테이션에 맞춰 선발 로테이션을 돌리고 엔트리를 조정한다. 상대 에이스가 나올 타이밍에 4·5선발을 배치하고 상대 4·5선발이 등판할 타이밍에 팀의 1·2선발을 배치하는 식이다. 버릴 경기는 버리고 취할 경기는 반드시 취한다는 전략이다. 9월에는 잔여 경기와 우천취소된 경기들이 띄엄띄엄 배치되기 때문에 대응 전략이 절대적으로 필요하다.

후반기 전략이 실패할 경우

후반기 대응 전략 실패로 난감한 상황을 맞이한 팀은 더러 있었다. 2003년 SK 와이번스가 대표적인 예다. 초보 사령탑 조범현 감독을 맞이한 SK 와이번스는 전반기에 48승 2무 31패(승률 0.608)로 승승장구했다. 승패 마진 +17로 비교적 안정적인 포스트시즌 진출이 점쳐졌다.

하지만 후반기에 SK는 처참한 성적표를 받아들었다. 18승 1무 33패(승률 0.353)로 성적이 곤두박질쳤다. 후반기에만 전반기에 벌어놓은 15승을 까먹은 것이다. SK는 결국 66승 64패 3무로 4위를 기록해 턱걸이로 포스트시즌에 올라갔다. 전반기 성적이 좋다고 결코 안심해서는 안 된다는 뜻이다. 시즌 막판이 되면 더욱 신경을 곤두세우고 있어야 한다.

막판 순위 싸움이 치열해지면 추가되는 자료가 또 있다. 팀별 남은 경기 수와 가상 승패 그리고 승률이 적혀 있는 자료다. 승패 마진 -10이 넘는 아주 절망적인 상황만 아니라면 잔여 경기 승률로 포스트시즌 진출 가능성을 타진해본다. 예컨대 20경기가 남았다면 11승 9패, 10승 10패, 9승 11패 등 모든 확률을 따져서 팀별 승률을 비교한다.

매직 넘버, 트래직 넘버

정규리그 막바지에 거의 매일 접하게 되는 단어는 매직(마법) 넘버와 트래직(비극) 넘버다. 매직 넘버는 보통 1위 팀이 정규리그 우승을 하는 데 필요한 승수를 가리킨다. 하위 팀이 남은 경기에서 전승을 한다는 가정하에 계산에 들어간다. 반대로 트래직 넘버는 상위 팀이 남은 경기 전패를 하더라도 순위를 뒤집을 수 없는 숫자를 말한다. 보통 포스트시즌 진출 좌절을 눈앞에 둔 팀에 트래직 넘버가 적용된다.

매직 넘버나 트래직 넘버 모두 상위 팀이 이기거나 하위 팀이 패하면 1이 줄어든다. 상위 팀이 이기고 동시에 하위 팀은 지는 상황이면 한꺼번에 2가 줄어들게 된다. 매직 넘버, 트래직 넘버 모두 보통은 한 자릿수일 때 셈을 시작한다.

지나친 희망고문은, 팬들 건강에 안 좋다.

가을야구
미리 예습하기

포스트시즌은 해당 시즌의 최고 팀을 가리기 위한 단기전이다. 프로야구 원년인 1982년부터 1988년까지는 전기리그와 후기리그 우승팀이 한국시리즈에서 맞붙었다. 1985년에는 삼성 라이온즈가 전·후기리그에서 모두 우승하면서 한국시리즈 자체가 열리지 않았다. 삼성이 한국시리즈를 통해 최초로 우승한 것은 2002년이다.

플레이오프의 시작

플레이오프는 7개 구단 체제가 된 1986년 맨 처음 열렸다. 전년도에 한국시리즈가 무산되며 가을 축제가 사라진 영향이 컸다. 바뀐 규정은 전·후기별로 1·2위 팀에 각각 포스트시즌 진출권을 부여하되 전·후기에 걸쳐 진출권 두 장을 쥔 팀은 한국시리즈에 직행하고 나머지 팀들끼리 플레이오프를 치르며, 티켓을 가진 팀이 모두 다를 때는 전기 1위와 후기 2위, 후기 1위와 전기 1위가 플레이오프를 거쳐 한국시리즈에 진출한다는 내용이었다.

1986년의 경우 해태 타이거즈가 전·후기리그에서 2위를 거두면서 진출권 두 장을 확보해 한국시리즈에 직행했고, 전기리그 우승팀 삼성(후기리그 4위)과 후기리그 우승팀 두산(전기리그 5위)이 3선승제의 플레이오프를 펼쳤다.

1989년 KBO리그는 변화의 바람을 맞았다. 전·후기리그가 사라지고 지금과 같은 단일 시즌제가 처음 채택됐다. 전기리그에서 포스트시즌 진출권을 따낸 팀이 후기리그를 건성으로 치르거나, 초반 성적이 나지 않으면 전기리그를 아예 포기하고 후기리그에 역량을 집중하는 등의 폐해를 바로잡기 위한 결단이었다.

시즌제가 채택되며 포스트시즌도 계단식으로 바뀌었다. 준플레이오프도 이때 처음 시행됐다. 정규리그 3·4위가 준플레이오프에서 맞붙고, 플레이오프에서는 정규리그 2위와 준플레이오프 승자가 대결을 펼친다. 정규리그 1위는 한국시리즈에 직행해 플레이오프 승자를 기다린다.

일곱 팀 가운데 네 팀, 즉 절반 이상의 팀이 가을 축제에 초대되는 상황이 빚어지자 제8구단 창단도 적극적으로 논의되기 시작됐다. 이때 쌍방울 레이더스가 전북을 연고지로 창단됐다. 쌍방울과 함께 마산의 한일그룹이 경합했으나 한일그룹은 경쟁까지 하면서 야구단을 창단하기는 싫다면서 막판에 포기했다.

1999년과 2000년 두 시즌에는 메이저리그처럼 양대 리그가 실시되면서 2000년에는 총 다섯 팀이 포스트시즌에 초대되기도 했다. 여덟 팀 중 다섯 팀이 분주한 가을을 보냈으니 소외된 세 팀에겐 지우고 싶은 가을이었을 것이다.

포스트시즌 제도와 와일드카드 제도

2001년부터 현재까지는 단일 리그의 계단식 포스트시즌 제도가 이어지고 있으며 2015년 처음 와일드카드 제도가 시행됐다. KBO리그가 kt 위즈의 참가로 10개 구단 체제가 되면서 생긴 변화다.

일종의 패자부활전인 와일드카드 제도는 4위 팀이 1승을 갖고 시작하며 5위 팀은 1패를 안은 채 2승을 거둬야 하는 방식이다. 한 번이라도 무승부가 나오면 4위 팀이 준플레이오프 무대에 오른다. 준플레이오프는 초기에는 2선승제로 치러지다가 2008년부터는 3선승제로 바뀌었다. 플레이오프의 경우 4선승제 (1995년, 1999년, 2008년)로 치러진 적도 있지만 대체로 3선승제로 펼쳐졌다. 2009년 SK 와이번스는 1·2차전을 두산 베어스에 모두 패해 벼랑 끝까지 몰렸다가 내리 3연승을 거두면서 한국시리즈에 올랐다. 두산은 한국시리즈에서도 2007년(SK 상대)과 2013년(삼성 상대) 1·2차전을 쓸어 담고도 우승컵을 쥐지 못하

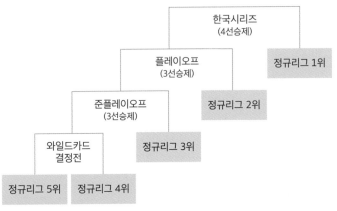

한국 프로야구 포스트시즌 대진표

※ 와일드카드 결정전은 정규리그 4위팀이 1승을 갖고 시작.

며 고개를 떨궜다.

한국시리즈는 원년부터 지금까지 4선승제가 지켜지고 있다. 현대 유니콘스와 삼성 라이온즈가 맞붙은 2004년 한국시리즈는 무려 9차전까지 이어졌다. 무승부가 세 차례나 나왔기 때문이다. 9차전 때도 비가 억수로 쏟아지는 바람에 경기가 연기될 뻔했지만 결국 강행돼 현대의 우승으로 막을 내렸다. 당시 내야는 진흙탕으로 바뀌어 있었고, 바깥 기자석에 앉아 있던 기자들이 식당이나 구단 사무실로 철수해 텔레비전을 보며 기사를 작성하는 촌극도 빚어졌다.

정규리그 1위 팀이 한국시리즈에서 우승할 확률이 높은 것은 사실이지만 현 제도에서 그리 유리한 것만은 아니다. 정규리그 가 종료된 뒤 한국시리즈가 치러질 때까지 2주가량 휴식기가 있기 때문이다. 2~5위 팀이 경기 감각을 유지할 수 있는 데 반해 1위 팀은 자칫 실전 감각이 떨어질 수 있다. 자체 연습경기만으로는 분명 한계가 있다. 실전 감각 유지가 1위 팀의 최대 과제라고 할 수 있다. 물론 2~5위 팀은 정규리그 경기 때보다 정신적, 육체적 피로도가 2~3배 더 높은 포스트시즌에서 얼마만큼 체력을 유지하고 한국시리즈 무대에 오르느냐가 관건이 된다. 특히 불펜 투수의 체력 소모를 줄이는 것이 제일 큰 숙제다.

포스트시즌 참가 팀 확대의 의미

포스트시즌 참가 팀 수가 늘어난 것은 더 많은 팀에 단기전 기회를 준다는 의미도 있으나 결국 '수입'과 관련 있다. 구장 크기에 따라 다르기는 하지만 포스트시즌은 경기를 치를 때마다 엄청난 입장 수입이 생긴다. 이를테면 잠실야구장(2만 5000석 기준)에서는 포스트시즌 1경기당 7억 5000만 원의 입장 수입이 나온다.

2012시즌에는 포스트시즌 경기가 열다섯 차례 치러져 총 103억 9222만 6000원의 수입을 올렸다. 정규리그 144경기(홈경기 72경기)를 치르면서도 입장 수입 100억 원을 넘기는 구단은 LG와 두산 정도뿐이라는 것을 고려하면 엄청난 액수다. 입장 수

입은 제반 경비(45퍼센트)를 제외하고 구단별로 배분되고, A급 활약을 펼친 선수들은 보통 1억~1억 5000만 원 정도의 보너스를 받게 된다.

야알못 탈출! • 포스트시즌 진출이 거의 확정되면 선수들은 단체로 독감 예방주사를 맞는다. 한 선수만 감기에 걸려도 팀 전체에 영향을 미칠 수 있기 때문이다. 최근에는 프런트에게도 접종을 권한다.

4할 타자는
왜 실종됐을까?

열 번 타석에 서서 세 번 안타를 치면 타자는 박수를 받는다. 50퍼센트의 확률도 아니고 70퍼센트나 실패했는데도 '좋은 타자'라 일컬어진다. 10년 연속 3할(0.300) 같은 기록도 영예롭다.

움직이는 공을 치기란 그만큼 어렵다. 3할도 쉽지 않은데 하물며 4할(0.400)은 어떨까? 시즌이 계속되는 6개월 동안 경기당 평균 5타수 2안타를 치는 것은 웬만한 체력 관리만으로는 어려운 일이다.

4할 고지의 주인공

KBO리그 출범 원년인 1982년 단 한 타자만이 4할 고지를 밟아봤다. 일본 프로야구 진출 국내 1호 선수(1962년)였던 백인천이 그 주인공이다. 20년간의 일본 생활을 정리한 백인천은 프로 원년에 MBC 감독 겸 선수로 뛰었다. 광복 후 동대문야구장에서 처음 홈런을 기록한 아마추어 선수였고 일본 프로야구 타격 1위에 올랐을 정도로 국내 프로리그 데뷔 전부터 힘과 기술이 좋았던 백인천이다. 게다가 변화구가 다양한 일본 투수들과 20년간 대결했던 경험까지 있었으니 갓 출범한 국내 프로야구의 아마추어급 투수들은 그의 좋은 먹잇감이 됐다. 시즌 72경기를 치르며 250타수(298타석) 103안타(19홈런)로 0.412의 타율을 기록했다. 당시 팀 경기 수는 80경기였으니 현재의 경기 수(2018년 기준 144경기)와 비교하면 꽤 적긴 하다.

4할을 위한 도전

그동안 4할에 도전한 선수는 꽤 있었다. 대표적인 선수가 이종범이다. 이종범은 해태 시절인 1994년 팀이 104경기를 치를 때(8월 21일)까지 4할 타율을 유지했다. 그런데 22경기만 남겨둔 그 시점에 급성장염으로 컨디션 조절에 실패하면서 시즌 타율 0.393에 만족해야 했다. 0.393(499타수 196안타)은 백인천에 이어 국내 리그 역대 두 번째로 높은 시즌 타율이다.

만약 이종범이 우투좌타였다면 어땠을까? 왼손잡이 이종범은 야구만 오른손으로 한다. 발까지 빠른 이종범이 왼손잡이였다면 스즈키 이치로처럼 내야안타를 조금 더 생산해냈을 것이고 그랬다면 4할 고지도 거뜬했을 것이다. 왼손 타자는 1루 베이스에 더 가깝기 때문에 내야안타를 만들어낼 확률이 높다.

야구에 '만약'은 없다지만 이종범이 1994년 당시 4안타만 더 짜냈더라면 수치상 0.401의 타율이 가능했다. 한 달에 안타 하나씩만 더 쳤으면 KBO리그 최초의 200안타 시대도 1990년대에 열렸을 것이고.

한화 김태균(2012년)이나 삼성 장효조(1987년)의 4할 도전도 한여름인 8월에 멈췄다. 김태균은 팀이 89경기를 치른 시점(8월 3일)까지 타율 4할을 유지했다. 국내 리그 유일의 4할 타자인 백인천의 경기 수를 훌쩍 넘어선 것이다. 김태균은 "팀 성적이 안 좋아지면서 스스로 놓아버린 면이 있다"며 아쉬워했다. 장효조는 8월 19일(팀 경기 수 71경기)까지 4할을 기록했으나 고비를 넘기지 못했다. 시즌 최종 타율은 0.387이었다.

2017년까지 연도별 최종 4할 타율을 유지한 타자(40명) 중 12명만이 시즌 최종 타율 1위에 올랐다. 2016년 김문호(롯데)의 경우 팀 57번째 경기(6월 10일)까지 타율 4할을 유지했으나 이후 타격이 하향곡선을 그으며 최종 타율은 0.325에 그쳤다.

메이저리그에서도 테드 윌리엄스 이후 좀처럼 4할 타율은 나오지 않고 있고, 1936년 출범한 일본 프로야구에도 아직 4할 타자가 없다. 반면 타고투저가 극심한 대만 프로야구에서는 2016년 4할 타자가 3명이나 나왔다.

4할 타자가 흔치 않은 이유

세계 3대 프로리그인 미국, 일본, 한국에서는 왜 4할 타자가 흔치 않을까? 야구 애널리스트 배리 스브루가 2016년 6월 작성한 "왜 4할 타자는 실종됐을까"라는 〈워싱턴포스트〉 기사에 그 힌트가 나와 있다. 그는 테드 윌리엄스 이후 75년 동안 메이저리그에 4할 타자가 없는 이유를 "1950년대 이후 투수 분업화가 이뤄지면서 상대할 투수가 많아졌고 구원투수들의 역량이 강화됐기 때문"이라고 분석한다.

세이버메트릭스에 기반을 둔 수비 시프트도 4할 타율을 달성하기 어렵게 한다. 더 이상 야수들은 고정된 수비 위치에 서 있지 않는다. 통계 분석에 따라 해당 타자의 타구가 올 만한 곳에 미리 서 있다. 안타가 될 법한 타구도 수비수의 글러브에 빨려 들어간다. 1·2루 사이를 빠져나가는 타구를 2루수가 건져 올려 2루 땅볼로 만들어버리는 식이다.

이제 타자의 적은 투수만이 아니다. 타자 개인별로 맞춤식 분석 자료를 내놓는 세이버메트릭스까지 뚫어야 한다. 그럼에도 4할 타율 도전은 계속될 것이다. 야구는 어차피 기록을 향한 끝없는 도전이니까.

다저스는 한때
노란 공을 사용했다

야구공은 하얗다. 초창기에는 각자 공을 갖고 다니면서 다양한 색깔의 공이 경기에 등장하기도 했으나 점차 흰색 공이 자리를 잡았다.

하지만 1938년 8월 2일 브루클린 다저스와 카디널스의 더블헤더 첫 경기에 흰색이 아닌 공이 등장했다. 노란색 공이었다. 색을 바꾸는 건 홈팀인 다저스 래리 맥파일 단장의 아이디어였다. 사실 노란색 공은 디트로이트 타이거즈 주전 포수 미키 코크레인이 직전 해(1937년) 머리에 공을 맞고 1주일 넘게 사경을 헤매는 모습을 본 뉴욕 색채 전문가 프레데릭 라어가 고안해낸 것이다. 미국 야구 명예의 전당 누리집(baseballhall.org)에 실린 글에서 라어는 노란색 공에 대해 이렇게 설명한다. "노란색은 모든 색상 중에 가장 빠르고 명확하게 식별된다. 그렇기 때문에 인간의 생명을 보호해야 하는 교통 표지나 활주로 선, 정부 안전 규정 등은 황색을 띠고 있다. 야구에서 노란색 공을 사용하면 흰색 유니폼에 가리지 않고 공을 더 명확하게 볼 수 있어 타격을 더 잘할 수 있을 것이고 심판은 볼과 스트라이크 판단이 용이할 것이며 공이 더 잘 보여 수비 또한 나아질 것이다. 관중들은 확실하게 더블플레이나 베이스 근처의 상황 등을 볼 수 있다."

일부 대학에서는 이미 1938년 봄에 붉은색 실이 박힌 노란색 공을 실험한 터였다. 노란색 공을 경기에 사용한다는 소식에 사람들은 호기심을 품고 야구장에 몰려들었다. 8월 2일 더블헤더 첫 경기 입장 관중 수는 1만 8567명으로 그해 주중 경기 최다 관중을 기록했다. 경기 결과는 다저스의 6 대 2 승리. 더블헤더 2차전 때는 하얀 공을 사용했으며 역시 다저스의 9 대 3 승리로 끝났다.

당시 〈뉴욕타임스〉의 보도에 따르면 선수들을 비롯해 관중들은 공이 날아가는 것을 잘 볼 수 있어서 노란색 공을 더 선호했다고 한다. 다저스 투수였던 프레디 피츠 시몬스는 노란색 공에 대해 "노란색 염료가 땀투성이 손에서 흘러나오고 손이 끈적거리는 것을 제외하고는 그 어떤 하얀 공보다 좋았다"고 평가하기도 했다.

아쉽게도 노란 공은 1938년에 한 차례, 그리고 1939년에 두 차례 정도만 더 사용됐다. 그래도 맥파일 단장은 1940년 인터뷰에서 "노란색 공은 합당한 평가를 받지 못했다. 다저스가 1위를 다투는 입장에서 실험을 더 할 수는 없는 노릇이기도 했다"며 "노란 공은 아마 야구에 가장 적합한 타입일 것"이라는 입장을 고수했다. 1938년 8월 2일 사용된 첫 번째 노란공은 이듬해 명예의 전당인 쿠퍼스타운에 기증됐다.

노란색 공에 이어 1973년 오클랜드와 클리블랜드의 시범경기 때는 주황색 공이 선보였다. 찰스 오스카 핀리 오클랜드 구단주의 아이디어였다. 하지만 타자들의 반발에 부딪혀 이후에는 더 이상 사용되지 않았다.

흰색 공, 노란색 공, 그리고 주황색 공. 야구공 색깔이 정말 경기력에 영향을 미칠까? 1938년 당시 코치였던 베이브 루스의 말에 정답이 있는지도 모르겠다. "(흰색이든 노란색이든) 무슨 차이가 있겠는가? 공은 모두 둥글다. 실제로 연습 타격 때 나도 홈런을 세 번이나 때렸다. 단지 누가 던지느냐에 달렸을 뿐이다. 나는 누군가 말해줄 때까지 공이 노란색인지도 몰랐으니까."

10
월

모두의 꿈,
포스트시즌

매든 감독의
WS 라인업 카드

《컵스 웨이(The Cubs Way)》라는 책이 있다. '염소의 저주'를 108년 만에 깨고 2016년 월드시리즈에서 우승한 시카고 컵스의 이야기가 담겨 있다. 테오 엡스타인 사장과 조 매든 감독은 어떻게 컵스를 변모시켰을까?

비밀은 매든 감독의 월드시리즈 7차전 라인업 카드에 있다. 1승 3패 뒤 5~7차전에서 내리 승리를 거두면서 월드시리즈 왕좌를 차지했으니 의미 있는 카드다. 세계 역사상 가장 길었던 '우승 가뭄'을 해갈한 라인업 카드이기 때문이다. 하지만 이 라인업 카드에는 뭔가 더 특별한 게 있다.

카드에 적힌 비밀스러운 메트릭스 숫자

매든의 라인업 카드에는 1번부터 9번까지 포지션별 선수 명단 옆에 숫자들이 적혀 있다. 먼저 삼진율과 그라운드볼(땅볼) 비율 등이 쓰여 있는데 삼진율이 30퍼센트를 넘긴 경우엔 빨간색으로, 그라운드볼 비율이 높은 경우엔 짙은 녹색으로 표시되어 있다. 다음으로 (세이버)메트릭스는 상대 투수에 대한 타격 성적이다. 메트릭스는 빨간색, 분홍색, 파란색, 하늘색 등으로 구분되어 있으며, 시즌 타율과 비슷해서 3할 이상이면 괜찮다는 것이고, 2할은 안 좋다는 뜻이다. 즉, 라인업 카드만 보고서도 상대 투수에 대한 타자의 능력치를 알 수 있게 해놓았다. 매든 감독은 "난 더 이상 (선수들의) 시즌 타율을 알지 못한다"라고 할 정도로 메트릭스에 대한 신뢰가 있다. 물론 데이터를 맹신하지는 않는다.

깨알같이 적힌 글자의 의미

하지만 더 흥미를 끄는 것은 카드에 적힌 데이터 수치가 아니다. 그가 깨알같이 대문자 약자로만 써놓은 글들이다. "C+B=L"(Courage plus belief equals life: 용기+신념=삶)이나 "DSB"(Do simple better: 단순하게 더 잘해라, 또는 단순한 게 더 나아) 같은 글자들이 카드 맨 위에 휘갈겨져 있다. "DNPTPTETP". 이것은 "Do not permit the pressure to exceed the pleasure"의 줄임으로, "압박에서 벗어나 경기를 즐겨라" 쯤으로 의역할 수 있을 듯하다.

더 자세히 살펴보면 시카고 컵스 라인업과 클리블랜드 인디언스 라인업 사이의 공간에는 "B PRESENT, NOT PERFECT"(완벽하게 하려 하지 말고 현재를 살아라)라고 적혀 있고 밑에는 두려움

없이 지도하는 방법을 매든에게 가르쳐준 스승, 돈 짐머의 이니셜이 쓰여 있다.

짐머 이외에도 카드 곳곳에는 이미 고인이 된 그의 가족이나 친구들의 이니셜이 들어 있다. 2016년 당시 62세이던 메이저리그 베테랑 감독은 월드시리즈 우승 여부가 달린 7차전 전후 내내 라인업 카드에 글을 적으면서 마음을 다잡았던 셈이다. 카드에는 이런 문구도 있다. "DNBAFF". 무슨 뜻일까? "Do not be a fucking fan." 직역하면 "팬처럼 굴지 마"쯤 될 것이다.

왜 매든 감독은 이런 문구를 라인업 카드에 적어놨을까? 짐작한 대로다. 감정에 휘둘리지 말고 냉철하고 이성적으로 경기를 하나하나 풀어가라는 뜻이다. 그래서 "DNBAFF"라는 글귀 밑에 곧바로 "PROCESS"라는 단어가 강조돼 있다. "과정에 충실하고 미리 결과를 의식하지 마라"의 의미라고 책에는 적혀 있다.

DNBAFF. 이 말만큼 핵심을 콕 찌르는 말이 있을까. 매든 감독은 이 문구를 월드시리즈뿐만 아니라 모든 라인업 카드에 적어놓았다고 한다. 감독은 '팬'의 입장에서 경기를 운영해서는 절대 안 되니까.

컵스의 108년 한을 풀 주문과도 같던 매든 감독의 월드시리즈 7차전 라인업 카드를 보면서 문득 이런 생각도 해본다. 내 삶의 라인업 카드에는 무슨 문구를 써볼까? "B PRESENT, NOT PERFECT"도 꽤 괜찮은 선택이 될 듯하다.

가을의 영웅
혹은 역적

2002년 12월 제주도 바닷바람은 찼다. 꿈틀대는 파도를 보니 현기증마저 날 지경이었다. '갈 곳이 없다'는 현실은 송곳처럼 그의 마음을 쿡쿡 찔러댔다.

며칠 전만 해도 정성훈은 LG 트윈스 유니폼을 입을 예정이었다. 그러나 무슨 운명의 장난인지 김성근 LG 감독이 경질되면서 없던 일이 되고 말았다. 주인 없이 버려진 자신의 유니폼을 생각하면 가슴이 더 쓰렸다.

자신을 방출한 삼성 라이온즈에 대한 원망은 없었다. 인생이란 그런 것이니까. 그의 나이 만 스물다섯. 바닷가 모래를 툭툭 털고 일어나면서 생각했다.

"아직은 젊잖아, 해보자고."

긍정적인 사고는 그의 최대 무기. 1주일간의 짧은 여행을 끝내고 대구로 돌아와 다시 운동을 시작했다. 며칠 후 그는 두산 베어스의 부름을 받고 반달곰 둥지에 짐을 풀었다. 두 번째 기회가 찾아온 것이었다.

1997년 가을야구의 아픔

1997년 10월 15일. 영웅 아니면 역적이 되는 가을 잔치에서 그는 LG와 플레이오프 4차전 깜짝 선발로 마운드에 올랐다. 꿈 많던 스무 살, 시작은 좋았다. 1번 타자 유지현을 상대로 바깥쪽 속구를 연달아 뿌려대면서 볼카운트 0(볼)-2(스트라이크)까지 만들었다. 투수가 절대적으로 유리한 카운트였다. '아싸~.'

이게 화근이었다. 자만한 탓인지 밸런스가 무너져 공이 자꾸만 엉뚱한 데로 날아갔다. 결국 내리 볼만 던졌다. 볼넷. 그저 어안이 벙벙했다. 무사 주자 1루 상황에서 긴장한 탓인지 마운드에서 마지막으로 던진 싱커는 2번 타자 박준태의 몸으로 날아갔다. 마운드를 내려오면서 그는 생각했다. '내가 미쳤지.'

언론의 매질은 감당할 만했다. 다만 단 한 경기로 미래가 저당 잡혀버린 게 너무 싫었다. 예상대로 다음 해부터 그는 제자리를 잃었다. 더 이상 포스트시즌 등판 기회는 없었고 2002년 11월 소속팀은 우승했지만 그는 방출됐다.

2004년 다시 가을야구를 맞이하다

2004년, 정성훈은 7년 만에 가을야구 마운드에 다시 섰다. 시즌 성적은 나쁘지 않았다. 3승 3패 2세이브 15홀드, 평균자책점 3.12. 두산 마운드의 든든한 셋업맨이었다. 그래도 7년 전의 기억은 악몽처럼 끈질기게 그를 따라다녔다. '만약 그날 잘 던졌으면 방출도 안 되고 내 인생도 180도 달라졌을 텐데'라는 생각이 자꾸만 들었다.

"오기로라도 잘 던질 것이다. 그러면 후련해질 것 같다"라던 그는 그해 포스트시즌 5경기에 등판해 타자 16명을 상대하면서 오직 안타 하나만 허용했다. 볼넷은 둘, 평균자책점은 1.93(4와 2/3이닝 1실점)에 불과했다. 이전까지 가을야구에서 아웃카운트 하나 없이 볼넷 하나, 몸에맞는공 하나가 기록의 전부였던 그는 7년 만에 악몽에서 벗어났다.

정성훈의 가을야구는 1997년과 2004년, 딱 두 번뿐이었다. 하지만 롤러코스터 같던 두 번의 경험이었다. 정성훈의 경험처럼 10월엔 공 하나에 희비가 갈리면서 역적 혹은 영웅이 만들어진다. 예상치 못한 손끝에서 어이없는 실수가 나오고 극적인 홈런이 터진다.

가을야구 DNA라는 말

'가을야구 DNA'라는 말도 이때 가장 많이 입길에 오른다. 가을야구 활약으로 방출 위기에서 벗어나는 선수도 있고, 기대에 못 미치는 성적으로 팬들에게 실망을 안기는 선수도 있다. '큰 경기 징크스'라는 꼬리표는 한번 생기면 떼어내기 힘들다. 하지만 정성훈처럼 오롯이 스스로 극복하는 경우도 꽤 된다.

시즌 중에 크게 활약했던 선수는 그만큼 철저히 분석당하기 때문에 오히려 활약이 적을 수 있다. 이른바 '미친 선수'의 역할은 전혀 기대하지 않았던 의외의 선수가 맡게 된다. 2017년까지 역대 포스트시즌 누적 타율 1위(100타석 이상 기준)가 허경민(두산 베어스)이라는 사실만 봐도 그렇다. 2017시즌까지 허경민의 가을야구 타율은 0.374(41경기)이다. 그의 정규리그 통산 타율은 2017시즌까지 0.283였다.

물론 예외도 있다. 정규리그 통산 타율 0.331인 장효조의 경우 포스트시즌 타율도 0.359로 허경민에 이어 누적 2위에 올라 있다. '방망이를 거꾸로 잡아도 3할은 친다'는 얘기가 그냥 나온 것이 아니다.

그렇다면 포스트시즌 철벽 투구 1위는 누구였을까? 가을야구에서만 30이닝 이상을 소화한 선수들을 대상으로 했을 때 1위는 신철인(히어로즈)이다. 그는 19경기 32와 1/3이닝 동안 단 3점만 내줬다. 평균자책점이 0.84에 불과하다. 포스트시즌에서 30이닝 이상을 던진 투수 가운데 1점 이하의 평균자책점을 기록한 선수는 신철인 외에 문희수(0.95, 해태)뿐이다.

참고로 '국보 투수' 선동열의 포스트시즌 성적은 20경기 등판, 8승 3패 4세이브, 평균자책점 2.24다. 한국시리즈만 따지면 14경기 6승 1패 4세이브, 평균자책점 1.74. 더 큰 무대에서 더 나은 성적을 보였다.

그렇다면 '국민타자' 이승엽의 가을야구 성적은 어땠을까? 이승엽은 포스트시즌에 상대 팀에 철저히 연구를 당하면서 64경기에서 타율 0.251(227타수 57안타)로 저조했다. 특히 2014년 한국시리즈 때는 1할에도 못 미치는 타율(0.095)로 고개를 떨궜다. 마지막 한국시리즈였던 2015년에 타율 4할의 불방망이로 명예를 회복하기는 했지만.

단기간 승부라고 단 한 번의 기회만 있는 것은 아니다. 가을야구는 해마다 돌아온다. 누가 알겠는가? 작년에 9회초 2사 만루 역전 기회에서 병살타를 쳤던 그 선수가 올해는 9회말 2아웃으로 몰린 팀에 짜릿한 끝내기를 선사할지.

가을야구에는 '절망'의 야구도 있지만 '희망'의 야구도 있다는 것, 그 중심에 '선수'가 있다는 사실만 잊지 않으면 된다.

가을야구,
패자의 품격

2004년 한국시리즈 직전의 일이다. 정규리그 1위 현대 유니콘스는 삼성 라이온즈와 결전에 앞서 선수단을 모아놓고 출정식을 열었다. 그날 밤 기자들과 함께한 뒤풀이 자리에서 강명구 구단주 대행은 작심한 듯 말했다.

"이번에는 우승하면 꼭 지면 광고를 할 것입니다."

이유가 있었다. 보통 스포츠 구단이 우승을 하면 모그룹이 신문 지면 등에 우승 소감과 팬들에 대한 감사를 담은 광고를 낸다. 2018년 한국시리즈에서 정규리그 14.5경기의 승차를 뒤집고 두산을 꺾은 SK 와이번스도 우승 확정 며칠 뒤 모든 신문에 전면광고를 냈다. 하지만 2003년 현대는 모그룹 자금 사정 등의 이유로 한국시리즈에서 우승하고도 광고를 싣지 못했다.

정작 감사 광고를 낸 구단은 따로 있었다. 한국시리즈 7차전 접전 끝에 패한 SK 와이번스였다. 2000년 팀 창단 뒤 하위권에 전전하다가 처음 한국시리즈에 오른 SK는 "행복한 2등입니다"라는 문구로 신문에 전면광고를 실었다.

승자만큼 박수받은 패자

한국시리즈 패배 팀이 신문 광고를 내는 것은 극히 이례적인 일이었다. 하지만 초보 사령탑인 조범현 감독이 SK 선수들을 이끌고 보여준 가을의 패기는 박수를 받기 충분했다. SK는 정규리그 4위로 포스트시즌에 나가 준플레이오프(삼성전 2승), 플레이오프(KIA전 3승)에서 단 1패도 없이 한국시리즈에 올랐고 정규리그 승차가 14경기였던 현대와 끝장 승부까지 가는 대등한 경기를 펼쳤다. '아름다운 2등'이라는 칭찬이 아깝지 않았다.

2015년에도 한국시리즈 승자만큼 패자가 주목받았다. 바로 삼성 라이온즈였다. 정규리그 1위 삼성은 한국시리즈 직전 터진 불법 해외 원정 도박 혐의로 마운드의 주축 3인방(윤성환, 안지만, 임창용)이 엔트리에서 제외되어 전력이 반쪽이 됐다. 그래도 1차전을 승리하며 5년 연속 통합우승을 달성하는가 싶었지만 내리 4연패 하면서 우승 트로피를 두산 베어스에 내줬다.

류중일 당시 삼성 감독은 경기 직후 인터뷰에 먼저 "프로는 1등이 돼야 한다. 2등을 하니 이상하다. 4년간 우승했지만 올해 실패했다"라고 패배를 받아들였다. 그리고 "두산 우승을 축하해주러 가봐야 한다"며 인터뷰실을 서둘러 떠났다.

류중일 감독이 향한 곳은 3루 더그아웃이었다. 류 감독은 한국시리즈 시상식이 열리자 더그아웃 앞에 선수단과 함께 도열해 트로피를 받는 두산 선수들에게 아낌없는 박수를 보냈다. 보통 한국시리즈에서 패한 팀들은 우승팀이 그라운드에서 얼싸안고 샴페인을 터뜨리는 사이 더그아웃을 빠져나가는데 삼성 선수단은 '패자의 품격'을 보여줬다.

메이저리그의 패자의 품격

메이저리그 월드시리즈 직후에도 패자의 품격을 보여주는 사건이 있었다. 2017년 휴스턴 애스트로스와 7차전 접전 끝에 패한 LA 다저스가 휴스턴 지역 신문인 〈휴스턴 크로니클〉 맨 뒷면에 전면광고를 실어 휴스턴의 월드시리즈 우승을 축하했다. 7차전 직후 다저스 데이브 로버츠 감독과 휴스턴의 A. J. 힌치 감독이 끌어안는 사진에 "LA 다저스는 휴스턴 애스트로스의 2017 월드시리즈 우승을 축하합니다"라는 문구를 넣었다. 휴스턴은 1962년 창단 뒤 55년 만에 처음 월드시리즈 패권을 차지한 터였다.

또한 다저스는 2018 월드시리즈에서 패한 뒤에도 보스턴 레드삭스를 위해 보스턴 지역 신문인 〈보스턴 글러브〉에 축하 광고를 게재했다. 더불어 보스턴의 우승이 확정된 5차전 때 사용한 홈플레이트와 마운드 투구판을 보스턴 구단으로 보내주기도 했다.

어린 왕자는
왜 한 손으로 세수할까?

그는 '어린 왕자'로 통했다. 열아홉 살이던 1991년, 프로 데뷔
해에 선동열(해태)과 맞대결에서 완투승을 거두고 얻은 별명이
었다.

프로 첫 승 후 이어진 연패에 실망해 김인식 감독에게 2군행
을 졸랐던 그였다. 2군행이 무산되고서 당대 최고 투수에게 오
기로 맞서 이뤄낸 결과물이 프로 첫 완투승이다. 지긋지긋했던
9연패도 함께 끊었다.

곱상한 외모와 함께 막내 구단(쌍방울 레이더스)의 어린 투수
라는 위치는 그의 별명을 더욱 돋보이게 했다. 20대 중반을 넘어
가며 우스갯소리로 '늙은 왕자'라고도 불렸으나 지금도 야구 팬
들은 '어린 왕자' 하면 김원형 코치를 떠올린다. 2018년 롯데 수
석코치였던 김 코치는 시즌 뒤 두산에 새롭게 둥지를 틀었다.

현역 시절 '폭포수 커브'를 보여줬던 김 코치는 통산 134승

(144패)을 거뒀다. 프로 사상 역대 여섯 번째로 많은 승수다. 최연소 노히트노런 기록(20세 9개월 25일)도 작성했다. 1군 545경기 2171이닝 동안 그가 던진 공의 개수는 3만 3240개. 2군 경기나 불펜 대기 때 던진 공을 합하면 이보다 갑절 이상 더 던졌다. 물론 스프링캠프와 마무리캠프까지 합하면 투구 횟수는 헤아릴 수 없을 정도로 많다. 그리고 그가 던진 공의 개수만큼 그의 팔꿈치와 어깨는 마모되어갔다. 그는 야구를 그만두던 당시를 이렇게 회상한다. "팔꿈치에서 정말 불이 날 것 같아서 견딜 수가 없었다"고.

인체 구조상 부자연스러운 동작의 반복은 어린 왕자에게 평생 안고 가야 할 '흔적'을 남겼다. 김 코치의 오른 팔꿈치는 보통 사람처럼 곧게 펴지지 않는다. 안쪽으로 90도 이상 접을 수 없고 어깨높이 이상으로 올라가지 않는다. 세수를 할 때조차 오른손을 쓸 수 없어 왼손으로만 얼굴을 닦는다. 김시진 전 롯데 감독 또한 오른팔이 굽었다.

비단 투수만이 아니다. 56개 홈런을 때려냈던 '국민타자' 이승엽도 왼쪽 팔이 곧게 펴지지 않는다. 롯데 3루수 출신으로 '미스터 올스타'로 불린 김용희 전 SK 감독의 오른팔도 휘어져 있다. 수천, 수만 번의 송구 동작에서 팔꿈치에 무리가 갔기 때문이다.

내야수 출신의 한 수비코치는 "프로야구 선수나 코치 태반은 기형적으로 변한 몸 때문에 평생 고통받는다"고 얘기해줬다. 그는 이어 "장애등급을 신청하면 받을 수 있을 정도지만 체면상 하지 않는다"고 했다. 그 또한 오른팔이 위로 올라가지 않는다.

선수들은 스스로의 열정에 자신의 몸을 태우면서 한계에 도전한다. 그들의 야구를 위해, 그들의 찬란한 봄을 위해 팔과 어깨를 비틀면서 그라운드에 선다. 눈에 보이는 것이 전부는 아니다. 야구라는 거대한 판 위에서 쉽게 얻는 것은 아무것도 없다. 우리 삶이 그런 것처럼.

클레이튼 커쇼,
그 이상의 커쇼

"내 인생의 롤모델은 프로 운동선수입니다!"

순간 교실 곳곳에서 큭큭 대는 소리가 들렸다. '자신의 꿈과 롤모델'이라는 주제로 발표를 하는 가운데 열네 살 소년 클레이튼 커쇼의 답은 조금 황당했다. 선생님은 그 자리에서 커쇼에게 "개인의 목표는 중요하지만 항상 그 실현 가능성을 염두에 둬야 한다"는 말을 들려줬다. 그가 꿈을 이룰 확률이 1/100만이라는 사실과 함께.

커쇼의 마음속에 남은 한마디

커쇼의 가슴을 파고든 말은 따로 있었다. "100만이라는 숫자는 생각하지 말고 네가 거기에 포함된다는 생각을 하고 단 한 명의 주인공이 돼봐라." 커쇼는 아내 엘런 커쇼와 함께 쓴 《커쇼의 어라이즈》에서 "확률의 잣대로 나 스스로를 규정하지 않겠다고

261

다짐했다"라고 그때를 돌아본다.

커쇼는 결국 자신이 롤모델로 삼았던 프로 운동선수가 됐고, 나아가 메이저리그의 주인공으로 우뚝 섰다. 사이영상을 세 차례(2011년, 2013년, 2014년) 받았고 2014년 초에는 LA 다저스 구단과 7년 2억 1500만 달러(2014~2020년, 2240억 원) 장기계약을 맺었다. 총액 2억 달러 이상 계약은 메이저리그 투수 최초였다. 평균 연봉은 3071만 달러(320억 원)에 이른다. 거액의 계약이 성사된 뒤 가족은 축하파티를 열까도 생각했지만 커쇼는 거부했다. "'돈'이 정말로 축하를 해야 할 것인지 모르겠다"는 이유에서였다.

메이저리그에서의 생활

텍사스 출신인 커쇼는 2006년 신인 드래프트 1라운드에서 전체 일곱 번째로 다저스에 지명됐다. 고교 3학년 때 13승 무패 평균자책점 0.77의 놀라운 성적을 거두고도 신인 드래프트를 앞두고는 "햄버거집에서 점심값을 낼 만큼만 계약금을 받았으면 좋겠다"라고 생각할 만큼 순수했다.

그의 손에 쥐어진 신인 계약금은 230만 달러. 이혼 뒤 싱글맘으로 힘겹게 아들을 키운 어머니 메리앤의 어깨를 편안하게 해줄 만큼의 거액이었다. 어머니는 가난했지만 일부러 지역 내 좋은 학군이었던 하일랜드파크의 고등학교로 그를 진학시켰고 밤

낮으로 일하면서 그를 뒷바라지했다.

숙소에서 동료들과 레슬링 경기를 벌이며 뒹굴고, 손가락에 물집이 잡힐 때까지 닌텐도 게임을 하고, 야간 이동 중엔 버스 바닥에 누워 쪽잠을 청했던 마이너리그 생활은 그리 길지 않았다. 2008년 5월, 더블A팀에서 뛰던 중 그는 메이저리그로 승격됐다. 그의 나이 스무 살 때였다.

커쇼는 당시 메이저리그 30개 팀 엔트리에 든 선수 중 가장 어렸다. 다저스타디움을 처음 방문한 날에는 들뜬 마음에 자기 라커 옆에 걸려 있던 팀 동료 제이슨 슈밋의 유니폼을 입고 그라운드에 서서 국가를 듣기도 했다. 슈밋은 커쇼를 골려주기 위해 모르는 척 커쇼의 유니폼을 입었다.

경기장은 순식간에 웃음바다가 됐다. 그것도 국가가 연주되는 동안 말이다. … 보통 우리는 창피했던 순간을 잊고 싶어 한다. 그리고 그런 일이 안 일어났으면 좋았을 것이라고 생각한다. 하지만 유니폼을 입은 내 모습이 아무리 창피했다고 해도, 나는 전혀 후회가 없다. 그 시간은 나의 메이저리그 진출을 환영하는 순간이었기 때문이다(《커쇼의 어라이즈》 중).

지구상 최고의 투수

커쇼는 속구, 슬라이더, 커브를 주로 던진다. 체인지업도 구사하지만 경기당 5개 안팎으로만 뿌린다. 구종이 단순해 보이지만 191cm의 키에서 제대로 꽂히니 타자들은 속수무책이다. 게다가 그는 공을 손에서 놓을 때까지 끝까지 숨긴다. 속구 평균 구속은 시속 150km. 왼손 투수라는 점을 고려하면 타자들이 느끼는 속도감은 3~4km 더 빠르다. 한 메이저리그 감독은 "커쇼의 속구는 오른손 타자 깊숙이 파고든다. 속구조차 각이 있다"고 했다. 그의 슬라이더는 리그 최고로 손색이 없다. 떨어지는 마지막 순간까지 속구인지 슬라이더인지 알 수가 없어 타자들에게 낭패감을 준다. 커쇼의 변화구는 각이 늦게 꺾여 속구처럼 느껴질 때도 있다.

메이저리그 데뷔 2년 차이던 2009년까지는 커브 구사율이 높았으나 2010년부터 슬라이더 비중을 높였다. 그렇다고 커브의 위력이 슬라이더에 처지는 것도 아니다. 송재우 메이저리그 전문해설위원은 "커쇼의 커브는 떨어지는 각도가 커서 볼, 스트라이크 구분이 안 간다. 똑같이 떨어지는 것 같은데 하나는 스트라이크에 꽂히고, 하나는 원 바운드가 된다. 던질 때 약간 멈추는 투구 폼까지 곁들여지면서 타자에게 커브가 더 위력적으로 느껴진다"고 설명했다. 명투수였던 오렐 허샤이저는 커쇼의 선발 등판을 중계하다가 "지구상 최고의 투수"라는 표현을 쓰기도 했다.

3년 동안 커쇼의 공을 받았던 전 다저스 포수 러셀 마틴(피츠버그 파이리츠)은 "6회쯤 넘어가면 '내 할 일은 다하지 않았느냐'며 더그아웃을 쳐다보는 선발투수들이 있다. 하지만 커쇼는 6~7회가 넘어가도 감독이 마운드로 다가오면 무척 화가 난 표정이었다. 늘 '난 더 던지고 싶다'는 신호를 보내고는 했다"고 밝혔다. 그만큼 커쇼는 승부 근성이 강하고, 자신감이 넘친다.

국내 리그에서 뛰고 있는 커쇼와 동갑내기 왼손 투수 김광현(SK)과 양현종(KIA)의 평가도 다르지 않다. 김광현은 "커쇼는 자기가 던지고 싶은 곳에 공을 뿌릴 수 있는 능력이 있다. 제구력이 제일 부럽다"라며 "속구, 커브, 슬라이더 모든 구종이 다 좋다"고 말했다. 양현종 또한 "커쇼는 투수가 갖춰야 할 것은 다 갖췄다. 변화구 컨트롤, 마인드 컨트롤 나무랄 데가 없다. 제일 부러운 게 속구인데 정말 시원시원하게 던진다"고 했다.

커쇼를 더욱 빛나게 하는 것

그를 더 돋보이게 하는 것은 계속 자신을 채찍질한다는 점이다. 사이영상을 세 번이나 받았으면 현상 유지에만 신경 쓸 법도 한데 그러질 않는다. 장거리 원정 10연전을 다녀온 뒤에도 다저 스타디움에 남아 '나머지 공부'를 한다.

, 비시즌은 말할 것도 없다. 한시도 공과 글러브를 멀리하지 않는다. 아프리카 잠비아로 봉사를 가도 미리 투구 연습에 쓸 장비를 보내놓고 현지에서 훈련을 한다. 송재우 해설위원은 "다저스 관계자들을 만나보면 커쇼에 대한 칭찬밖에 안 한다. 선수들이

커쇼를 본받았으면 좋겠단 말을 많이 한다"고 전했다.

커쇼는 지금껏 욕을 한 번도 한 적이 없다. 마이너리그 시절 팀 동료가 "넌 왜 욕을 안 하니?"라고 신기해했을 정도다. 뜻대로 야구가 풀리지 않을 때 그가 하는 행동은 그저 글러브로 입을 가리고 소리를 지르는 정도다.

커쇼의 진가는 야구장 밖에서 더 드러난다. 2008년 데뷔 시즌을 마치고 고향인 텍사스로 돌아간 커쇼는 가장 먼저 아프리카 아이들을 돕기 위한 자선 야구 교실을 열었다. 2010년 12월 결혼한 뒤에는 오프시즌 때마다 아내 엘런을 따라서 잠비아로 봉사를 떠나 어린이들을 안아주고 그가 가장 잘하는 야구를 가르쳐주고 있다.

2011년 1월 잠비아를 처음 방문하고 텍사스로 돌아와서는 '커쇼의 도전'이라는 후원 프로그램을 만들어 탈삼진 1개당 100달러씩 기부하기로 결정했다. 2013년부터는 기부액이 탈삼진 1개당 500달러(후원사 포함 600달러)로 늘었다. 그의 영향으로 텍사스주의 리틀야구 및 고등학교 투수들도 삼진을 잡을 때마다 일정 금액을 기부하고 있다. 이렇게 모인 기부금은 잠비아 고아들을 위한 쉼터를 건립하는 데 쓰인다.

커쇼는 2012년에 이어 2014년에도 메이저리그 사무국으로부터 '로베르토 클레멘테 상'을 받았다. 로베르토 클레멘테 상은 1972년 12월 말 지진 구호품을 싣고 니카라과로 향하던 중 비행기 사고로 사망한 피츠버그 외야수 로베르토 클레멘테를 기리기 위해 만든 상으로, 왕성하게 사회공헌활동을 한 선수에게 매년 수여된다. 로베르토 클레멘테 상을 받는 선수들의 평균 나이는 서른다섯 살. 스물네 살에 이 상을 처음 받은 커쇼는 시상식장에서 눈물을 보이면서 "기록상보다 내게는 더 의미가 큰 상"이라는 소감을 남겼다.

인간 커쇼의 매력에 방점을 찍는 것은 그가 어린 시절 함께 자란 여자친구 엘런과 8년 열애 끝에 결혼까지 했다는 점이다. 고등학교 졸업 후 커쇼는 마이너리그 선수로 팔도를 유랑하고 엘런은 텍사스 지역 내 대학에 진학하면서 장거리 연애를 해야 했지만 이들의 사랑은 흔들리지 않았다.

열 살 때부터 어머니와 단둘이 살았던 커쇼는 고등학교 1학년 때부터 엘런과 사귀면서 엘런의 대가족과 함께 가족여행을 다녔고, 연인이자 가장 친한 친구로 성장한 둘은 마침내 한 가족이 되는 '해피엔딩'을 맞았다. 수업시간에 쫓기다가 복도에서 만난 어린 시절 친구에게 "사귀자"고 제안해 "예스"라는 답을 받고, 메이저리그 풀 시즌을 처음 소화한 해(2009년) 크리스마스에 "결혼하자"고 프러포즈를 하는 순정남 야구 선수가 어디 흔하겠는가.

나는 아직도 나 자신이 성장하는 시간을 보내고 있다고 생각한다. 수년간 메이저리그에서 잔뼈가 굵은 타자들을 상대로 제대로 공을 던지려면 상당한 시간이 필요하다. 나는 야구 선수로서 앞으로도 끊임없이 갈망하고, 열심히 노력하고 싶다. 열심히 노력할 대상이 있다는 사실 그 자체가 축복이다. 나는 야구 선수로서 최선을 다해서 노력하고, 거기에 완전히 몰두할 수 있어서 너무 감사하다(《커쇼의 어라이즈》중).

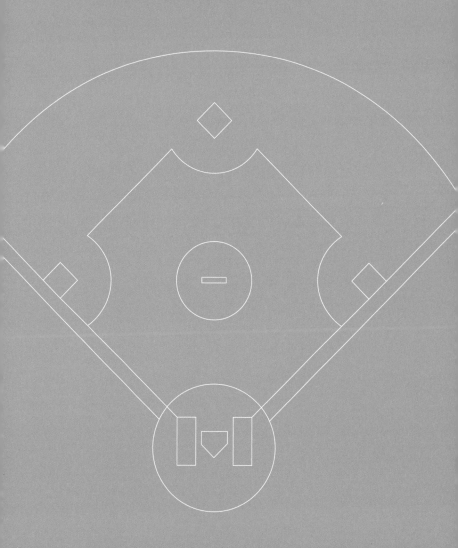

Part 4
쉼표 혹은 느낌표

11
월

쩐의 전쟁

FA,
협상의 내막

"○○○는 얼마나 받는 거야?"

"모르지. 그걸 어떻게 아냐."

한국시리즈가 끝나면 야구 기자들끼리 으레 나누는 대화다. 자유계약선수(FA)가 닷새 후 공시되기 때문이다. 하지만 그들의 몸값은 시쳇말로 '며느리도 모른다'. 2010년까지만 해도 얼추 계산이 섰는데 2011년 이후 총액이 거침없이 오르면서 짐작 가능한 수준을 넘었다. 몇몇 선수는 총액 기준 30억 원 안팎이 적정선인 듯한데 덜컥 50억 원 계약이 발표되기도 했다.

FA 몸값에 지각변동이 일어난 때

2011년 말. 당시 히어로즈 이장석 대표는 자금난 타개를 위해 현금 트레이드로 LG에 보냈던 이택근을 재영입하면서 50억 원의 거액을 이택근에게 안겨줬다. 야구계 안팎을 놀라게 한 이 계약이 FA 인플레이션의 시작이었다.

이전까지만 해도 FA '최대어'는 60억 원, A급 외야수는 30억에서 40억 원에 몸값이 형성돼 있었으나 이택근을 계기로 50억원으로 상향 조정됐다. FA 협상 테이블에서 선수들이 자주 꺼내는 "자존심을 세워달라"라는 말에는 "○○○보다 많이 달라"라는의미가 담겨 있다.

이듬해 KIA가 통산 타율 0.279의 김주찬을 영입하면서 금액(50억 원)을 맞춰졌고, 2013년 이종욱(50억 원, NC), 2014년 김강민(56억 원, SK), 박용택(50억 원, LG)으로 이어졌다.

투수 쪽 거품은 더욱 심해졌다. 타고투저와 외국인 투수 득세현상에서 보듯이 국내 리그에는 안정감을 주는 괜찮은 토종 투수가 그리 많지 않다. 장원준은 20대 좌완 선발이라는 희귀성 탓에 롯데와 두산 등이 경쟁하면서 몸값이 84억 원까지 치솟았다. 장원준과 같은 시기에 FA 시장에 나온 우완 선발 윤성환은 80억원, 구원투수 안지만은 65억 원을 받았다.

FA 거액 투자의 효과

구단들이 앞다퉈 FA 선수 영입에 거액을 쏟아붓고 있지만 실제 효과는 투자만큼 나오지 않는다. 2005~2006년 이후 한국시리즈 우승은 외부 FA 선수 영입과 거의 무관했다. 2007~2008년, 2010년 우승한 SK나 2011~2014년 연속 우승한 삼성은 전년도에 외부에서 영입한 FA 계약 선수가 단 1명도 없었다. 2009년 KIA도 마찬가지였다. 꾸준히 중상위권 성적을 올려온 두산도 그렇다. 2014년 장원준 영입 전까지 두산은 외부 FA를 1명(홍성흔)만 영입했을 뿐이다. 홍성흔 또한 원래는 두산에서 데뷔했던 선수다. 그런데도 두산은 2000년부터 2014년까지 15시즌 동안 열 차례 가을야구에 나갈 수 있었다.

프로야구단은 FA 몸값을 감당할 만큼 재정 기반이 탄탄할까? 전혀 아니다. 야구단 연간 운영비(400억~500억 원)를 고려하면 더욱 그렇다. A 구단을 예로 들면 운영비 중 100억 원은 관중 수입, 100억 원은 중계권료와 구장 및 유니폼 광고 수입으로 충당하고, 나머지 150억~170억 원은 광고료 명목으로 모그룹의 지원을 받는다. FA 선수 영입 등 목돈이 들어갈 상황이 되면 모그룹에 손을 벌려야 한다.

FA 인플레이션은 구단 내부 사정과도 맞닿아 있다. 2013년 롯데가 강민호에게 75억 원이라는 거액을 쥐여준 이유는 그 이전에 이대호, 홍성흔, 김주찬을 차례로 놓친 데서 찾을 수 있다. 강민호만은 반드시 붙잡아야 한다는 절박함이다. 강민호마저 계약에 실패할 경우 엄청난 여론 후폭풍에 시달릴 수 있었다. 2014년 말 86억 원의 '잭폿'을 터뜨린 최정(SK)도 마찬가지다. SK는 최정 이전에 이진영, 정대현, 이호준, 정근우 등 팀 주축 선수를 놓쳤다. 박용택 또한 LG 팬들이 프랜차이즈 스타에 대한 합당한 대우를 거세게 요구했다. 야구단은 모그룹 이미지와 맞물려 있어 팬들의 요구를 무시하기가 쉽지 않다.

무엇이 FA 경쟁을 부추길까?

외부 FA 선수를 잡지 않으면 '투자에 인색한 구단', '가난한 구단'이라고 낙인찍히는 것도 시장 과열을 부추긴다. 과한 경쟁에 뛰어들게끔 여론몰이가 생기고, 모그룹의 '자존심'상 보여주기 식이라도 FA 영입이 불가피하다. '가난한 기업'이라는 이미지를 피하기 위해서다. 뜬금없이 '회장님'의 의중이 들어가기도 한다.

3~4년 짧은 임기의 야구단 경영진도 한몫 거든다. 장기적 판단 아래 구단을 운영하기보다는 당장 내년도 성적에 연연하면서 선수 투자가 실패했을 때는 후임 경영진에 책임을 미룬다. "FA 몸값 폭등은 구단의 자업자득"이라는 말이 나오는 이유다.

뒤늦게 KBO와 10개 구단은 2018년 9월 'FA 총액 상한제'(80억 원)라는 카드를 들고 나왔다. 하지만 선수협회는 반대 의사를 분명히 밝히고 있다. 총액 상한제와 더불어 FA 취득 연수(대졸 8년, 고졸 9년)를 1년씩 줄이는 것도 함께 입길에 오르고 있다.

FA 인플레이션을 바라보면 한국 사회와 얼추 닮았다. 부익부 빈익빈, 양극화가 극심해지고 있기 때문이다. 한쪽에서는 80억 이상의 FA 선수들이 속속 등장하는데 다른 한쪽에서는 1억~2억 원 계약도 힘들어서 반강제적인 은퇴 상황에 내몰린다. 야구 인생에서 한 번 갖게 될 '권리'의 사용에서도 차별 상황에 놓이게 되는 셈이다. 꿈의 무대 뒤 현실의 잔혹함을 보는 것도 같아 씁쓸해지기도 한다. 가뜩이나 프로야구 구단은 모기업에 종속(히어로즈는 제외)된 만년 적자 구조다. '100억 원'(최형우), '150억 원'(이대호) 등의 계약 발표에 마냥 축하만 해줄 수 없는 이유다.

야구 기자단
투표의 함정

2001년 골든글러브 투표 때의 일이다. 당시 홍성흔(두산)은 박경완(현대)을 제치고 포수 부문 골든글러브를 받았다. 박경완의 성적은 타율 0.257, 24홈런 81타점 21도루였고, 홍성흔의 성적은 타율 0.267, 8홈런 48타점 9도루였다. 박경완은 포수 최초 '20(홈런)-20(도루)' 클럽에도 가입했다. 한눈에 봐도 박경완의 성적이 나았다. 한국시리즈 우승 프리미엄이 있던 홍성흔은 타율만 박경완에 1푼 정도 앞섰을 뿐이다.

투표 결과가 의아스러워서 '사수'였던 선배에게 "왜 홍성흔 찍으셨어요?"라고 여쭤봤다. 선배의 답은 "당연히 박경완이 될 줄 알고 홍성흔을 찍었지"였다. 이런 마음으로 투표한 이가 비단 선배만이 아니었을 터였다. 결국 '죽은 표'가 모여 '산 표'가 됐고, 결과마저 바뀌버렸다. 홍성흔은 파이팅 넘치는 선수였고 '기자 프렌들리'한 선수이기도 했다. '객관성'을 바라지만 절대 객관적

일 수 없는 것이 야구 기자단 투표인 셈이다. 골든글러브나 최
우수선수 투표 때 엉뚱한 선수에게 1~2표가 나오는 것은 이 때
문이다.

기자의 주관성이 투표에 미친 영향

1985년 정규리그 최우수선수(MVP) 투표도 이런 주관성이 어
처구니없는 결과물을 내놨다. 삼성은 전·후기리그를 통합우승
하면서 김시진, 이만수, 장효조 등 특급 스타들을 배출했다. 김시
진은 25승 5패로 최다승과 최다 승률 1위, 평균자책점 3위를 기
록했다. 장효조는 타격 1위(0.373), 최다 안타 2위(129), 타점 3위
(75), 출루율 1위(0.467)의 성적을 올렸다. 이만수 또한 홈런 공
동 1위(22), 타점 1위(87)를 비롯해 타율 5위 등의 성적을 남겼다.
팀 우승에 개인 성적까지 뛰어나니 이들 중 정규리그 최우수선수
가 나오는 것은 당연한 듯 보였다. 하지만 결과는 그렇지 않았다.

최우수선수는 해태 김성한이 받았다. 수상자로 호명된 그 자
신이 당황할 정도로 예상외였다. 그의 성적은 홈런 공동 1위, 최
다안타 1위(133), 타점 2위. 《한국야구사》에 따르면 개표가 끝날
무렵 기자들 사이에서는 "뭔가 잘못됐다. 투표를 다시 해야 하는
것 아니냐"란 말이 나왔다. 언론사 체육부에도 항의 전화가 빗발
쳤다. 《한국야구사》는 당시 상황에 대해, 삼성 선수단 표가 갈린
탓도 있고 "이상국 해태 홍보실장의 선거 운동을 통해 호남 선수

에게 표를 던진 기자의 출신 성향이 작용하기도" 했다고 보았다.

또한 기자단 투표는 외국인 선수에게 유독 야박하기도 하다. 2012년 골든글러브 투수 부문 수상자는 장원삼이었다. 당시 장원삼(삼성)은 다승 1위(17승)는 했지만 평균자책점(3.55)이 높았고, 투구 이닝(157이닝)도 적었다. 한국시리즈 우승팀 에이스라는 강력한 '전리품'은 있었으나 객관적 지표에서 브랜든 나이트(넥센 히어로즈)에 밀렸다.

나이트는 평균자책점 1위(2.20), 다승 2위(16승)와 더불어 투수 최다인 208과 2/3이닝을 던졌다. 퀄리티스타트(선발 6이닝 이상 3자책 이하 투구)도 30번 등판 중 27번이나 해냈다. 하지만 그는 기자단 투표에서 7표 차이로 밀렸다. 외국인 선수를 배척하는 기조 때문이었다. 이런 분위기 탓에 1998년에는 타이론 우즈(두산)가 정규리그 최우수선수에 뽑히고도 정작 골든글러브는 이승엽(삼성)에게 내주는 촌극도 빚어졌다.

외국인 선수를 찍는 데 인색했던 한 기자는 말했다. 외국인 선수는 상을 받으러 한국에 오지도 않는데 왜 찍냐고. 또 다른 기자는 그랬다. 어차피 외국인 선수는 1년 계약으로 뛰는 '용병'일 뿐인데 뽑을 이유가 있냐고. 외국인 선수는 '이방인', '뜨내기'라는 인식이다. '팔은 안으로 굽는다'고, 성적이 아주 특출하지 않은 한 국내 선수 편애는 앞으로도 계속될 것이다.

기자단 투표로 2018 KBO리그 최우수선수로 김재환(두산)이 선정된 뒤 일부 야구 관계자들은 말했다. "나라면 김재환 안 찍었어요." 김재환의 2011년 약물(스테로이드) 전력 때문이었다. 몇몇 기자는 시상식 전에 SNS 등을 통해 김재환에게 표를 주지 않았음을 밝히기도 했다. 메이저리그에서도 약물 전력이 있는 선수에게는 표를 잘 주지 않는 편이다. 성적보다 페어플레이, 공정성을 우선시하는 것이다. 성적지상주의에 대한 경계이기도 하다. MVP란 성적과 함께 품위도 따라야 하기 때문이다.

모든 투표에는 책임감이 따라야 한다

투표의 결과는 기록이자 야구의 역사로 남기 때문에 투표의 주체자들은 응당 책임을 져야 한다. 담당 기자들이 누구에게 투표했는지 이제 떳떳하게 공개해야 하지 않을까? 익명 투표의 맹점을 이용해 감정적으로, 주관적으로 투표하는 행위는 없어져야 한다. 그것이 여러 사건·사고에도 야구장을 찾아준 800만 관중에 대한 예의다.

더 나아가 MVP, 골든글러브 투표 등은 현장 취재 경력 10년 차 이상에게만 부여하는 것도 고민해야 할 듯하다. 현재 시스템으로는 현장에 단 한 번도 나간 적이 없는 기자도 투표권을 갖는다. 현장 전문가인 코칭 스태프에게 투표권을 부여하는 것도 한 방법이다. 물론 이때도 '투표 공개'는 필수가 되어야 하고. 기자단 투표가 있을 때마다 언급되는 '야알못 기자단 인기투표'라는 오명은 벗어야 하지 않겠는가.

프로야구의 가치를 높이는 것은 비단 선수단만의 몫이 아니다. 야구 역사를 켜켜이 쌓아가는 무거운 책임이 투표 한 장에도 있음을 잊어서는 안 된다. "어린이에겐 꿈을, 젊은이에겐 정열을, 온 국민에겐 건전한 여가선용"이라던 프로야구 원년 캐치프레이즈가 민망하지 않도록.

연습생
신화의 탄생

청주 세광고등학교 졸업을 앞둔 그의 체구는 그리 크지 않았다. 키 177cm에 몸무게는 80kg을 밑돌았다. 원래는 K 대학교에 진학할 예정이었다. 하지만 장학금을 받는 것이 아니라 기부금 300만 원을 내야 입학이 가능하다고 했다. 그의 집에는 그만한 돈이 없었다.

고교 때 성적이 신통치 않아 따로 연락이 오는 구단도 없었다. 아버지는 그의 손을 잡고 무작정 창원에 있는 야구장으로 갔다. 충청 지역을 연고지로 새롭게 창단한 빙그레 이글스(현 한화 이글스)가 전지훈련 중이었다. 아버지는 계약금 없이 최저연봉 (300만 원)만 받아도 좋으니 연습생으로 뽑아달라고 했다. 첫날은 문전 박대를 당했다. 다음날에도 찾아가 애원했고 결국 연습생 입단이 결정됐다.

1986년 1년 동안 2군에서 자질구레한 일을 하면서 훈련과 경기 출전을 병행했지만 또다시 방출 위기가 왔다. 빙그레는 그해 대규모로 선수단을 정리했다. 그는 계약금 600만 원, 연봉 600만 원을 요구했다가 팀에 '찍힌' 상태였다. 방출 위기에서 그를 눈여겨본 한 코치가 그룹 경영관리실에 있던 고위층을 만나 "틀림없이 재목이 될 것이니 자르지 말라"고 간청했다. 연봉은 600만 원을 주되, 계약금은 1987년 성적을 본 뒤 후불로 지급하기로 했다. 장종훈의 프로 입단은 이렇게 이루어졌다.

이승엽, 박병호, 최정 등 내로라하는 거포들 이전에 '홈런왕' 장종훈이 있었다. 1987년 비로소 1군 무대를 밟은 장종훈은 데뷔 타석에서 2루타를 치면서 배성서 감독에게 눈도장을 받았고 이후 주전으로 출전하는 경기가 많아졌다. 꾸준하게 홈런 수를 늘려간 장종훈은 1990년 28개로 유격수 출신 첫 홈런왕에 올랐고, 1991년에는 35개, 1992년에는 41개의 홈런으로 3년 연속 타이틀을 차지했다. KBO리그에서 40홈런 고지에 오른 것은 그가 처음이었다. 입단할 때 300만 원이었던 연봉은 1996년 33배가 올라 1억 원이 됐다. KBO리그 타자 최초의 억대 연봉으로 고졸 연습생 신화에 방점을 찍었다.

자존심과 희망 사이의 연습생 생활

장종훈과 더불어 박경완, 손시헌, 이종욱, 김현수, 서건창 등도 연습생, 신고선수(육성선수) 출신이다. 현역 시절 역대 최고 포수라는 평가를 받은 박경완 SK 코치는 "눈물 젖은 빵을 먹던 시절도 있었다"면서 "현역 시절 비활동 기간인 12월에도 거의 매일 문학구장에서 훈련했다. 2군은 1군보다 2~3배 더 노력해야 한다"고 강조한다.

김현수는 '공격만 특출 난 반쪽짜리 선수'라는 평가 속에 당시 청소년 대표팀에 뽑혔던 아마추어 선수 중 유일하게 프로 지명을 받지 못했지만, 신고선수로 두산에 입단하여 발군의 실력을 뽐냈다. 메이저리그 무대까지 밟아 2년 동안 빅리그에서 뛰었고 FA 계약에서 115억 원의 '잭폿'을 터뜨리기도 했다. LG 트윈스로 팀을 옮긴 김현수는 "신인 지명이 안 되고 자존심이 많이 상했는데 지금 생각해보면 괜한 자존심이었다"라면서 "육성선수로 마무리 훈련에 참가해서 1.5군 형들과 함께 훈련하면서 '이래서 내가 지명이 안 된 거구나' 하고 느꼈다. 하지만 '난 육성선수니까 (다른 선수에 비해) 뒤처진다'고 생각하지는 말았으면 좋겠다. 지명만 못 받았을 뿐 출발점은 다 똑같다고 생각해야 한다"고 후배들에게 당부했다.

한화 프랜차이즈 출신이면서 2018시즌부터 독수리 군단을 이끌고 있는 한용덕 감독 또한 연습생 출신이다. 한 감독은 동아대학교 1학년 때 학교를 자퇴하고 3년 동안 그라운드를 떠나 있을 때 트럭 운전, 임시 전화선로 가설 등 안 해본 일이 없다. 그러다 야구장에서 공을 던지는 프로야구 투수를 봤고 "내가 던져도 저보다는 낫겠다"는 자신감이 생겼다. 이후 학교 선배였던 빙그레 매니저를 통해 배팅볼 투수의 길이 열렸다. 그때가 1986년, 처음에는 연습생 신분으로 선·후배를 상대로 공을 던진다는 게 창피하기만 했다. 자존심이 상해서 야구장 근처까지 갔다가 그냥 돌아온 적도 있었다. 하지만 야구 선수라는 꿈을 위해 입술을 꽉 깨물고 계속 공을 던졌고, 배팅볼 투수 3개월 만에 당시 김영덕 빙그레 감독 눈에 들어 정식선수로 등록됐다.

첫 연봉은 600만 원. 선수 시절 내내 한 감독을 지탱해준 힘은 야구장 밖에서 보낸 3년 동안의 기억이었다. 그는 "정말 바닥까지 갔기 때문에 프로 생활 내내 힘든 게 없었다. 어떤 상황에 있어도 그때보다 최악은 아니니까 그냥 웃으면서 넘겼다"고 말한다. 그는 프로 생활 17년 동안 120승 118패 평균자책점 3.54의 성적을 남겼다.

11월, 선수의 꿈은 다시 타오른다

2018시즌 개막전 기준으로 KBO리그에는 총 250명의 육성선수(군 보류 포함)가 있었다. 규약에 따라 구단은 최대 65명의 선수만 등록할 수 있는데 이들 외 미등록선수가 육성선수로 분류된다. 2014년까지 '신고선수' 또는 '연습생'으로 불린 육성선수는 5월 1일 이후 1군 경기에 뛸 수 있는 정식선수 등록이 가능하다. 퓨처스리그(2군)는 뛸 수 있다.

육성선수는 프로야구 선수 최저연봉(2700만 원)을 보장받지 못한다. 신인 지명을 받고 입단했다가 팀 사정에 의해 육성선수로 분류된 새내기 선수들은 2700만 원을 받지만 그렇지 않은 경우 2000만 원을 받는 선수들도 있다. 월봉으로 치면 200만 원을 받는 셈이다.

육성선수는 출전 기회도 등록선수보다 적고 팀 구조조정이 있을 때 제일 먼저 해고 통보를 받는다. 그러니 가끔 기회가 왔을 때 온몸으로 부딪쳐 싸우면서 내일을 기약해야만 한다. 야구판 비정규직 삶이 그렇다. 육성선수가 1군 무대에 오를 확률은 10퍼센트 안팎에 불과하다. 그래도 꿈을 포기할 수는 없는 노릇이다.

가을 축제가 끝나는 11월에는 대부분의 구단이 트라이아웃(선수 기량을 테스트하는 것)을 실시한다. 프로에서 방출됐거나 신인 드래프트 지명을 받지 못한 선수들이 지원한다. 서건창처럼 현역으로 군대를 마친 전직 야구 선수들도 프로 무대를 다시 노크한다. 프로야구의 11월은 꿈의 재도전 시기인 셈이다.

선수들의 재테크,
성공하거나 실패하거나

2008년 미국발 금융위기 때 A 선수는 깜짝 놀랐다. 다국적 보험회사가 파산 직전이라는 뉴스 때문이었다. 4년 12억 원의 연금보험을 들었던 그는 눈앞이 노래졌다. 다행히 별개 회사였고, '마흔세 살 이후부터 죽을 때까지 매달 상당한 액수가 나오는 연금보험'은 무사했다. "그때를 생각하면 아찔하다"는 그는 자유계약선수로 챙긴 목돈의 여유자금으로 사업도 구상하고 있다.

스포츠 선수의 수명은 고작 15~20년이다. 마흔 살 안팎이면 경기장 밖으로 내몰린다. 프로 지도자의 길도 있지만 몇몇에 한정된 얘기고 아마추어 코치 연봉이래 봐야 한 달 150만 원 안팎이다. 그래서 선수 때 목돈을 모으거나 투자를 해둬야 생활을 꾸려갈 수 있다.

선수들의 최애 재테크

특급 선수도 예외는 아니다. 선수들이 가장 선호하는 것은 부동산이다. 박찬호는 서울 신사동에 지하 4층, 지상 13층 빌딩을 지어 매년 10억 원 안팎의 임대료 수익을 올렸다. 이승엽은 지바롯데와 요미우리 자이언츠에서 활약하면서 벌어들인 돈으로 서울에 시가 330억 원대의 빌딩을 매입했다.

B 선수는 한 신도시 중심부의 6층짜리 낡은 건물에 투자했는데, 재건축 허가가 떨어지면서 '대박'이 났다. 짠돌이로 유명한 C 선수는 주식 투자의 귀재가 되어 꽤 많은 목돈을 모은 것으로 알려져 있다. 그는 "어차피 원정을 많이 다녀서 필요 없다"면서 한동안 아파트에 에어컨조차 달지 않았다.

국가대표를 지낸 D 선수는 제주도 등 부동산 투자가 거듭 성공하면서 수백억 원대 자산가가 됐다는 소문이 있다. 국외로 진출했다가 돌아온 E 선수는 국내·외에서 번 돈으로 호주에 집과 농장 등을 사뒀다가 은퇴 뒤 호주로 건너가 사업을 하고 있다.

선수나 코칭 스태프는 대개 부동산과 각종 펀드, 연금보험, 비과세 적금 등에 분산투자하면서 그라운드를 떠난 뒤의 삶을 준비한다. 음식점이나 커피숍, 건설업 등 개인사업도 그중 하나다. 두산 베어스 2루수 오재원은 압구정동에 디저트 카페를 운영하고 있고, SK 외야수 박정권은 인천 송도에 고깃집을 열었다. 정근우는 해장국 식당을 냈다. 김경문 전 두산, NC 감독 또한 방이동 올림픽공원 근처에 '문 카페'를 열었던 적이 있다. 휴대전화 대리점 등에 억대 규모로 투자해 안정된 수익을 노리는 선수도 여럿이다.

그러나 대부분 수익이 예상만큼 나지 않아 몇 년 후 조용히 문을 닫곤 한다. 장사가 잘된다는 소문이 돌기도 하지만 속사정을 들여다보면 그렇지 않은 사례가 많다. 은퇴 뒤 준비 없이 부랴부랴 자영업의 세계에 뛰어들었다가 낭패를 보는 일이 허다하다. FA 계약금으로 받은 목돈으로 빌딩을 샀지만 임대가 잘되지 않는 바람에 직접 사업장을 차린 경우도 있었다.

화려함 뒤에 숨은 그늘

스포츠 선수는 종종 사기를 당하기도 한다. F 코치는 부인이 증권 사기를 당하면서 수억 원을 날렸다. 자신도 모르는 사이에 사기 사건에 연루돼 경찰 조사를 받는 경우도 꽤 있다.

안경현 SBS스포츠 해설위원은 "프로야구 자유계약선수 자격을 얻어 10억 원 이상의 큰돈을 만지는 선수들도 맨 처음 하는 게 집 장만하기다. 겉으로는 수억 원의 연봉을 받는 등 화려해 보이지만 제 살 집 구하기도 벅차다"라고 전하면서 "부동산 투자나 주식 등으로 재산을 불린 선수들은 극히 일부의 이야기일 뿐이며 그나마 사기를 안 당하면 다행"이라고 덧붙였다. 양준혁 또한 한때 전복 양식장에 투자해 30억 원 이상의 매출을 기록한다는 얘기가 들렸으나 이후 접었다. 전환사채 사기를 당해 10억 원을 잃기도 했다.

　이름이 알려진 몇몇 선수를 제외하곤 대부분 선수가 재테크에 대해 언급하는 것 자체를 꺼린다. 성적이 안 나왔을 때 팬에게 "배부르니까 못하지"라는 비아냥을 듣기 싫어서다. 코치들도 마찬가지다. 대개가 자산 내용을 숨긴다.

　그렇다면 은퇴한 야구 선수들이 꼽는 가장 성공한 재테크는 무엇일까? 바로 자식 농사다. 이종범의 아들 이정후(히어로즈)가 성공한 재테크의 표본인 셈이다.

> **야알못 탈출!** ▶ 연봉 등으로 목돈을 만진 G 선수의 집은 초라했다. 집으로 초대된 지인들이 놀랄 정도였다. 하지만 반전이 있었다. 그의 '진짜' 집은 따로 있었고, 그의 초라한 집은 돈을 빌려달라는 사람들이 많아서 짜낸 고육지책이었다.

응답하라,
90년대 꽃미남 스타들

던지고, 치고, 달리고.

참 단순한 단어들이지만 장소를 '야구장'으로 한정하고 '잘'이라는 부사까지 더하면 얘기가 달라진다. 야구장에서 잘 던지고, 잘 치고, 잘 달리고. 테스토스테론이 한껏 응축되어 만들어내는 찰나의 순간은 보는 이로 하여금 아드레날린을 분출하게 만든다. 그런데 '잘생기기까지' 하다면?

1990년대, 야구 미남 전성시대

'엑스(X) 세대'라는 신인류의 등장과 함께 야구도 잘하고 자신을 한껏 꾸밀 줄도 아는 선수들이 그라운드에 대거 등장했다. 물론 야구를 잘했기 때문에 더 잘생기고 더 멋있어 보였을 터다. 1990년대는 소득 수준이 높아지면서 여가 생활에 대한 목마름이 스포츠 인기로 이어지던 시기다. 프로야구는 물론이고 대학

농구에 이은 실업농구, 그리고 프로축구, 실업배구까지 최대 중흥기를 맞고 있었다. 실력은 기본, 외모는 옵션으로 갖춘 선수들이 인기가 많을 수밖에 없는 환경이었다.

1994년 프로야구는 LG 트윈스의 '신바람 야구'를 이끈 새내기 3인방을 빼고 얘기할 수가 없다. 유지현, 김재현, 서용빈 등 LG 신인 셋이 프로야구 판을 뒤흔들었다.

김재현은 곱상한 외모로 중·고등학교 여학생들의 마음을 녹였다. 타율 0.289, 21홈런 21도루의 성적으로 고졸 신인 최초로 '20(홈런)-20(도루) 클럽'에 가입하고, '캐넌 히터'라는 별명에 걸맞게 빠른 배트 스피드로 홈런을 만들어낸 뒤 방망이를 내던지는 모습에 여학생 팬들이 열광했다. 현재 방송해설위원이 된 김재현은 "구단 사무실로 왔던 팬레터만 한 자루가 넘었다"고 그 시절을 회상한다.

김재현이 '꽃미남'였다면 서용빈은 준수한 외모와 함께 183cm의 큰 키를 앞세운 황금비율로 여성 팬을 사로잡았다. 1루 수비를 보면서 긴 다리를 쭉 뻗을 때면 잠실야구장 1루석 곳곳에서 함성이 터져 나왔다. 2차 6순위, 전체 41순위로 입단해 무명에 가까웠지만 성실함으로 프로에서 반전을 이뤄낸 스토리까지 더해지면서 더욱 이목을 끌었다. 타율 0.318(4위), 157안타(2위) 72타점(6위)의 호성적으로 입단 첫해부터 골든글러브(1루수)를 수상하기도 했다. 야구 센스를 갖춘 '훈남' 유지현과 함께 김재현, 서용빈은 1990년대 중반 교복 입은 학생들을 비롯해 수많은 여성 팬을 야구장으로 끌어들이는 핵심 역할을 했다.

LG와 잠실구장을 함께 쓴 두산(전 OB) 베어스의 최고 '쾌남아'는 홍성흔이었다. 1999년 입단한 대졸 신인 홍성흔은 잘생긴 외모와 함께 경기에서 투지 넘치는 모습을 보여주며 전국적인 인기를 누렸다. '아도니스'라는 개인 팬클럽은 제주도에까지 지부가 생길 정도였다.

코칭 스태프의 신뢰가 두터웠던 홍성흔은 입단 첫해 111경기를 소화하며 김동수(LG) 이후 10년 만에 포수로서 신인왕을 차지했다. 대전, 광주 등 지방 곳곳에 있던 '베사모'(베어스를 사랑하는 모임)가 홍성흔을 비롯한 두산 선수들의 든든한 지원군 역할을 했다.

1990년대 인천을 주름잡은 미남 스타는 '영원한 캡틴' 이숭용(현 kt 위즈 단장)이었다. 1994년 태평양 돌핀스에서 데뷔한 이숭용은 건장한 체격(185cm, 86kg)과 다부진 외모, 뛰어난 패션 감각으로 사랑받았다. 항상 시원스레 웃는 얼굴로 사인을 해줘 여성 팬들의 가슴을 설레게 했다.

김민재는 1991년 데뷔해 실력을 뛰어넘는 외모로 구도 부산을 사로잡았다. 큰 눈과 짙은 쌍꺼풀이 매력적이었던 김민재는 1990년대 모 여성잡지에서 실시한 '여대생들이 결혼하고 싶은 남자' 설문조사에서 1위에 뽑힐 정도로 폭발적인 인기를 누렸다.

꽃미남 스타로는 빙그레 이글스 정민철(현 MBC 스포츠플러스 해설위원)도 빼놓을 수 없다. 대전 출신인 정민철은 1992년 데뷔 해에 14승 4패 7세이브의 성적을 올리는 등 1999년까지 8년 연속 두 자릿수 승수를 올리면서 빙그레의 주축 선발투수로 활약했다. 1994년 탈삼진왕(196개)에 오르는 등 곱상한 외모를 하고도 상대 타자와의 기싸움에서 전혀 기죽지 않는 모습을 보여 팬들에게 강한 인상을 남겼다.

정민철과 비슷한 시기(1991년)에 데뷔한 쌍방울 레이더스 김원형(현 두산베어스 코치)도 동안의 얼굴로 '어린 왕자'로 불리며 인기를 누렸다. 고졸 신인 투수로 팀 전력이 약했던 쌍방울의 선발 마운드를 책임지면서 여성 팬들에게 동정심을 자아낸 면도 없지 않았다.

이들 외에도 해태 임창용, 이강철 등이 1990년대 미남 스타로 꼽힌다. 한국 야구사에 전설적인 존재들로 평가받는 이종범(해태)과 이승엽(삼성) 등은 워낙 실력이 출중했던 터라 외모로는 그리 크게 조명받지 못했다.

1990년대 스타들의 인기는 야구장 밖에서도 상당했다. 원정 숙소까지 팬들이 쫓아왔고 심지어 옆방에 투숙하려는 팬도 있었다. 호텔 자체적으로 극성팬의 투숙을 막으려 노력하긴 했지만 교묘하게 감시망을 빠져나간 팬들 때문에 난처한 상황이 빚어지기도 했다.

그 시절 수도권 구단의 매니저를 지낸 한 야구 관계자는 "선수들과 함께 숙소를 쓰면서 아침에 사인이라도 받고 싶어 하던 팬들이 많았다"면서 "그래도 당시에는 야구라는 스포츠 자체를 좋아했기 때문에 야구 선수도 좋아했던 순수한 팬들이 많았다"고 기억했다.

1990년대와 달리 볼거리, 즐길거리가 풍부해졌고 온라인, 오프라인에 '눈을 정화시켜주는' 꽃미남들이 넘쳐난다. 하지만 프로야구 선수의 매력과는 비교 불가다. 프로야구라는 일일 드라마에서 주연이 되기 위한, 혹은 팀 승리를 위한 희생으로 조연급도 마다하지 않는 찰나의 몸짓은 그 어떤 것보다 아름답지 않겠는가.

12
월

시즌 뒤,
잠 못 드는 사람들

밤낮없는 전쟁,
외국인 선수 스카우트

나: 그 선수는 장점이 뭐야?

A: 공이 빨라. 159까지 나왔어.

나: 그럼 제구가 엉망이겠지.

A: 아냐, 9이닝당 볼넷이 2.4밖에 안 돼.

나: 변화구 뭐 던지는데?

A: 거의 다 던져.

나: 결정구가 뭐냐고.

A: 오른손 타자에 커트(컷패스트볼), 슬라이더. 왼손 타자에 체
   인지업.

SK 와이번스 운영팀 소속인 A 씨는 외국인 스카우트 업무를
담당한다. 이날의 대화는 메디컬테스트 후 입단 발표를 하기로
돼 있는 앙헬 산체스 얘기였다. 산체스를 영입하기 위해 SK는

상당한 액수의 바이아웃 비용을 지불했다.

메이저리그 40인 로스터에 든 선수일 경우 국내 구단은 해당 선수가 소속된 메이저리그 구단에 바이아웃, 즉 이적료를 지불해야 한다. 바이아웃 비용을 공개하는 구단도 있지만 대부분은 비공개로 한다. 국내 프로야구에서 거칠 것 없는 성적을 올리고 메이저리그로 금의환향한 에릭 테임즈(밀워키 브루어스)도 바이아웃 비용이 100만 달러에 육박했던 것으로 알려져 있다.

외국인 선수가 한국에 온 이유

A 씨와의 대화를 거슬러 올라가 가장 큰 궁금증. 공도 빠르고 제구도 되고, 또 다양한 변화구도 던지는 외국인 선수가 왜 한국에 왔을까?

제구가 잡힌 파이어볼러라면 거의 완성형에 가깝다. 빠른 공을 던지는 선수는 투구할 때 공을 놓는 타점이 흐트러져 제구가 들쭉날쭉하기 쉽다. 파이어볼러가 삼진도 많고 볼넷도 많은 이유다. 흡사 롤러코스터를 타듯 오르락내리락 기복이 심하다. 그런데 제구력까지 있는 볼 빠른 투수가 한국에 온다고?

사실 메이저리그 유망주는 한국이나 일본에 절대 눈길을 주지 않는다. 메이저리그에서 6년의 시간이 흐르면 FA 계약으로 1억 달러(1000억 원) 이상의 '잭폿'을 터뜨릴 수 있는 게 그들이다. 메이저리그에서 55만 달러의 최저연봉을 받는 선수여도 '미래'가 보인다면 당장 500만 달러(55억 원)를 준다고 해도 태평양을 건너지 않는다는 뜻이다. 물론 구단에서 그를 풀어줄 리도 만무하다.

국내 스카우트들의 고민도 여기에 있다. 국내 팬들의 눈높이는 올라갔지만 가능성 있는 선수는 메이저리그 도전을 우선순위에 둔다. 근래엔 쿼드러플A(AAAA)급 선수가 영입 타깃이 되는데 한국과 일본 구단들이 동시에 경쟁에 뛰어드니 선수들 몸값은 점점 올라간다.

외국인 선수 제도는 국내 프로야구에 새로운 볼거리를 제공하고 경기력을 향상한다는 명목으로 1998년 처음 선을 보였고, 2014년 몸값 상한가(30만 달러)가 폐지되면서 2015년에는 외국인 선수 전체 연봉이 2000만 달러를 넘어섰다.

여기에 더해 메이저리그 구단들도 한국, 일본에서 관심 있을 선수들을 40인 로스터로 묶으면서 '바이아웃 장사'를 한다. 요즘은 40인 로스터 밖에 있는 선수에게조차 50만 달러 안팎의 바이아웃 비용을 지불하는 추세다. 이래저래 아시아 쪽 구단들만 '봉'이다. 보장 연봉 또한 높아 한두 경기 뛰고 방출하더라도 울며 겨자 먹기로 연봉을 줘야만 하기 때문이다. 늘 급한 쪽은 한국 구단이다. 물론 일부 외국인 선수들의 경우 걸림돌을 없애기 위해 메이저리그 구단과 계약할 때 '아시아 바이아웃 없음'이란 단서조항을 붙이기도 한다.

더 신중해진 외국인 선수 영입

'잘 뽑은 외국인 선수, 대형 FA 선수 안 부럽다'라는 인식 때문에 구단들은 외국인 선수 영입에 더욱 고심하는 추세다. 한번 접촉했던 선수나 관심 있는 선수에게 지속적으로 관심을 표하는 것도 스카우트의 몫이다. A 씨가 오프시즌 때 시차에 맞춰 밤마다 미국 에이전트와 카카오톡 등으로 연락을 주고받는 것도 이런 사정 때문이다.

구단 스카우트는 1년에 두세 번씩 장기출장을 나간다. 보통 3월에는 메이저리그 시범경기, 6~7월에는 트리플A 경기, 11월에는 도미니카 윈터리그를 지켜본다. A 씨의 경우 2017년 4~5월, 7~8월 등 두 차례 총 석 달간 미국 마이너리그 구장을 돌아다녔다. 12월 라스베가스에서 열린 윈터미팅도 빠지지 않았다. 메이저리그 구단 관계자나 에이전트 등과 친분을 이어가기 위해서다.

외국인 선수 계약에서 메이저리그 구단들에 끌려가지 않기 위해 KBO는 2019년부터 첫해 계약 외국인 선수의 경우 계약상한(100만 달러)을 두기로 했다. 100만 달러는 계약금, 바이아웃 비용 등을 포함한 금액이다. 각 구단 스카우트의 역할이 더 중요해졌다는 뜻이다. 저비용 고효율의 진흙 속 진주를 찾아내야만 한다. 스카우트의 어깨도 그만큼 무거워졌다. 잠 못 드는 스카우트의 밤이 이어질 듯하다.

MLB
별난 옵션들

계약 옵션으로 불도저를 달라면 어떻게 될까? 진짜로 구단이 불도저를 줬다면 믿겠는가?

한국 프로야구에서 '옵션'이라고 하면 성적에 따른 플러스·마이너스 옵션 정도밖에 없다. FA 계약을 하면서 '10승 달성 시 1억 원'이란 옵션을 거는 식이다. 9승을 거두고 10승에 도전할 때 그 투수는 얼마나 떨렸을까? 실제로 그런 일은 꽤 있다. 시즌 순위가 거의 결정됐을 때 감독들이 9승 투수에게 선발 등판 기회를 준다거나 세이브 등 기록을 챙겨주려 하는 것도 이 때문이다.

한국과 비교할 수 없을 만큼 시장도 크고 선수도 많은 미국 프로야구에는 성적 외에 특이한 옵션이 많다. '관중 옵션'도 그중 하나다.

메이저리그 강타자 에드윈 엥카르나시온은 클리블랜드 인디언스와 계약하면서 관중 옵션을 넣었다. 클리블랜드의 시즌 관중이 증가하면 연간 100만 달러(11억 원) 안팎의 보너스를 받게 해달라는 것이었다. 엥카르나시온 이전에도 켄 그리피 주니어, 조니 데이먼 등에게 관중 옵션이 있었다.

관중 옵션은 구단과 개인 모두를 위한 '애교 섞인' 조항일 수 있다. 메이저리그 공식 누리집인 '엠엘비닷컴' 등에 따르면 메이저리그에는 조금은 황당한 옵션이 포함된 계약이 꽤 있다.

애덤 던은 시카고 화이트삭스와 계약하면서 최고 수비수에게 주어지는 '골드글러브' 수상 조항을 넣었다. 골드글러브를 받으면 2만 5000달러를 받는 계약인데 당시 던은 주로 지명타자로 출전하고 있었다. 더군다나 1루나 2루 수비 모습은 최악에 가까웠다. 골드글러브는 던에게 '로망'이나 다름없었다.

J. C. 로메로는 5만 달러의 '실버슬러거상'(각 수비 위치에서 최고의 공격력을 보여주는 선수에게 주는 상. 투수도 타격을 하는 내셔널리그에서는 투수 부문도 있다) 옵션이 있었다. 하지만 로메로는 불펜 투수였다. 많아야 2이닝 정도 던지기 때문에 타석에서 방망이를 휘두를 일이 거의 없었다. 그래도 '만약'을 위해 그는 옵션을 넣었다.

트로이 글로스는 2005년 애리조나 다이아몬드백스와 계약하면서 개인사업에 연간 25만 달러를 지원받기로 했다. 개인사업이라고 했지만 아내 애나가 3일간 승마 이벤트를 개최하는 데 드는 지원금이었다. 글로스는 1년 뒤 토론토로 트레이드됐는데 토론토는 이 계약을 그대로 승계해야 했다.

카를로스 벨트란은 뉴욕 메츠와 계약할 때 150마일 속도로 형형색색의 테니스공이 퉁겨져 나오는 피칭머신 같은 훈련용 기계를 원했고, 로이 오스왈트는 2005년 내셔널리그 챔피언십시리즈 6차전 승리 대가로 불도저를 요구해 정말로 구단으로부터 받아냈다.

'핏빛 양말 투혼'으로 유명한 커트 실링의 경우는 현역 마무리 시기에 몸무게에 관련한 옵션이 있었다. 2008년 보스턴과 1년 800만 달러 계약을 했는데 특정 몸무게를 유지할 경우 추가로 200만 달러를 받을 수 있었다. 여섯 차례 불특정 시기에 체중계에 올라가 '계약된' 몸무게와 엇비슷하면 실링은 33만 3333달러를 보너스로 받았다. 카를로스 리 또한 실링처럼 몸무게 관련 옵션이 있었다.

조지 브렛은 1984년 시즌에 앞서 캔자스시티와 연장계약을 맺으면서 옵션으로 멤피스 지역 아파트 단지 개발권의 10퍼센트를 받았다. 부동산 개발은 성공했고 브렛은 일순간 임대 사업자가 됐다.

알렉스 로드리게스(은퇴) 또한 특이한 옵션이 있었다. 2001년 텍사스 레인저스와 사상 최대의 2억 5200만 달러짜리 계약을 하면서 세부 옵션을 넣었는데 이 중에는 포스트시즌 디비전시리즈에서 최우수선수가 되면 15만 달러를 받는 조항도 있었다. 걸

보기에는 지극히 정상적인 옵션 같지만, 사실인즉 디비전시리즈 때는 최우수선수를 선정하지 않는다. 구단이 몰랐던 것도, 선수나 에이전트가 몰랐던 것도 아니다. 계약 기간이 10년인 것을 고려해 향후 제도 변경을 대비한 것이었으나 아직도 디비전시리즈에선 최우수선수를 뽑지 않는다.

비자금을
사수하라

A 선수는 몇 년 전 된통 혼쭐이 났다. 예비신부에게 월급 통장을 맡기면서 자신이 상여금 통장을 갖고 있는 건 비밀로 했는데, 5월 근로소득 원천징수 영수증에 상여금 내역이 그대로 찍혀버린 것이다. 액수가 적었다면 조용히 넘어갈 수 있었겠지만 포스트시즌 진출 등으로 제법 큰 돈이 들어왔던 터라 예비신부에게 들키고 말았다. "원천징수 영수증이 잘못 찍힌 것"이라고 얼버무려 겨우겨우 무마했지만, 상여금 통장을 뺏길까 조마조마했던 순간이었다.

야구 선수들의 딴 주머니

선수들의 비자금은 여느 직장인과 다르지 않다. 월급 통장, 상여금 통장을 따로 개설한다. 물론 월급, 상여금 가리지 않고 고스란히 아내에게 가져다주고 용돈을 받는 애처가도 있지만 극히 일부다. 결혼한 코치나 선수의 3분의 2 정도는 '딴 주머니' 를 찬다고 해도 무방하다. 수당을 용돈으로 쓴다는 선수도 있다. 구단별 메리트가 허용되던 때에 B 선수가 수당으로만 한 달에 2000만 원 가까이 받은 적이 있으니까 비자금 액수 또한 상당했을 터다.

아내들끼리 가깝게 지낼 경우에는 비자금 만들기가 수월치가 않은데, 이런 이유로 일부 선수들은 아내에게 입단속을 시키기도 한다. 자칫하면 남의 집에 분란을 일으킬 수 있기 때문이다.

상여금 통장을 따로 만드는 데도 기술이 필요하다. 선수들은 구단에서 주는 상여금 외에 경기 수훈선수로 뽑혔을 때나 사인회에 나갔을 때 혹은 그룹 행사에 불려 나갔을 때 몇십만 원에서 500만 원까지 가욋돈을 받는다. 구단과 구장마다 다르기는 하지만 '홈런존' 등이 표기된 곳으로 홈런 타구를 날렸을 때는 최소 50만 원에서 100만 원의 상금을 받기도 한다. 이런 돈을 적절히 통장에 나눠야 들키지 않는다. 한 구단 경리직원은 "돈이 나올 때마다 다른 통장을 들고 와서 거기로 송금해달라는 선수들이 더러 있다"고 전했다.

물론 이정후(히어로즈)처럼 아버지(이종범)가 전직 야구 선수라면 얘기가 달라진다. 열아홉 살 나이로 고졸 신인답지 않은 활약을 선보이면서 2017시즌 최우수신인선수상을 받은 그는 당시 어머니에게 한 달 80만 원씩 용돈을 받으며 생활했다. "딴 주머니를 차고 싶은 생각이 안 드느냐?"라는 짓궂은 질문에 그의 답은 이랬다. "엄마가 야구 선수 생활에 대해 너무 잘 아세요. 아빠도 그렇고요. 경기 수훈선수가 되면 얼마를 받는지, 캠프 때 간식 비용을 얼마를 받는지까지 세세하게 다 아시니까 딴 주머니를 찰 수가 없어요."

비자금이 든 통장은 선수들이 늘 이용하는 구단 라커룸이나 차에 감춰두는 경우가 많다. 특히 차에는 트렁크를 비롯해 통장이나 돈을 숨길 곳이 꽤 많기 때문에 즐겨 애용한다. 어느 선수가 비상금을 차에 감춰둔 것을 까맣게 잊고 있다가 1년 만에 발견한 웃지 못할 일화도 있다. 이렇게 모은 비자금으로 선수들은 가족에게 줄 크리스마스 선물 등을 산다.

구단 프런트의 비자금

구단 프런트는 일반 회사원과 똑같다. 포스트시즌 배당금으로 A급 선수가 1억 4000만 원(정규리그와 한국시리즈 통합우승의 경우, 2016년 기준)가량을 받기도 하지만 선수단에만 해당될 뿐 구단 직원에게는 그저 그림의 떡이다. 모그룹이 있다고 해도 야구단은 별도의 법인이어서 임금체계도 많이 다르다.

기업으로 치면 성적이 곧 실적이니까 포스트시즌에 올라가면 프런트도 성과급 등을 받기는 한다. 이듬해 시범경기 직전이면 우승팀 구단 직원들의 성과급이 종종 입길에 오르는데 모그룹의 자금 사정에 따라 성과급 규모도 많이 다르다. 어떤 구단은 한 달치 월급 정도만큼만 받아 실망했다거나 어떤 구단은 중형 차를 살 만큼 나왔다는 말이 기자실에서 해마다 흘러나온다. 같은 우승이지만 보상은 천차만별인 셈. 물론 비자금의 규모도 다를 테고.

야알못 탈출! ● 프로야구 감독, 코치, 선수와 한국야구위원회 심판위원은 월급을 2월부터 11월까지 10개월만 받는다. 프로야구 초창기에는 더러 12개월에 걸쳐 연봉을 나눠주는 곳도 있었으나 퇴직금 문제가 불거지면서 10개월로 통일됐다. 월급이 안 나오는 12월, 1월에는 열 달 동안 따로 모아뒀던 돈으로 생활을 꾸려야 한다. 현명하게 12월과 1월에 맞춰 생활비 수준의 돈이 나오도록 1년짜리 적금을 붓기도 한다.

한미일 이색 야구장 엿보기

미국 샌프란시스코 AT&T 파크

바다 위 보트에서 홈런공을 잡는다? AT&T 파크라면 가능한 일이다. AT&T 파크는 메이저리그 내셔널리그 샌프란시스코 자이언츠 홈구장이다. 오른쪽 외야 관중석 뒤로 샌프란시스코만이 있는데 이쪽으로 넘어가는 홈런을 '스플래시 히트'라고 한다. 보트를 타고 홈런공을 기다리는 팬들을 심심찮게 볼 수 있다.

AT&T 파크 구장 왼쪽에는 대형 코카콜라병과 글러브 모형이 있다. 코카콜라는 샌프란시스코 자이언츠 공식 스폰서로, 콜라병 안에는 미끄럼틀이 숨어 있다. 만 14세 이하만 이용할 수 있다.

미국 시카고 리글리필드

야구를 직접 보려면 꼭 야구장에 들어가야 할까? 시카고 컵스 홈구장인 리글리필드라면 야구장 관중석이 아니더라도 '직관'을 즐길 수 있다. 외야 담장 바깥에 있는 건물 옥상에 올라가면 야구 경기가 한눈에 보인다. 옥상에는 야구 관람을 위한 의자까지 마련돼 있다.

1914년에 지은 리글리필드는 보스턴 펜웨이파크(1912년)에 이어 메이저리그에서 가장 오래된 야구장이다. 담쟁이덩굴이 외야 펜스를 덮는 것으로 유명하고 수동식 스코어보드가 있다.

일본 센다이 라쿠텐생명파크 미야기

일본 미야기현 센다이 미야기노구에 위치한 야구장에는 아주 특별한 볼거리가 있다. 1950년 5월 5일 개장한 낡은 야구장이지만 2016년 5월부터 외야 바깥에 대형 관람차를 설치해 관람차 안에서 잠깐이나마 야구 경기를 볼 수 있도록 했다. 개장 첫날 팬 2700명이 줄을 섰을 정도로 관람차는 인기가 좋다.

일본 프로야구 라쿠텐 골든이글스가 2005년부터 홈구장으로 사용하고 있으며 외야 관중석이 구단 상징을 닮은 날개 모양으로 돼 있다. 구장 명명권을 팔기 때문에 구장 이름이 수시로 바뀐다. 이전에는 크리넥스 스타디움, 코보 파크 등으로 불리기도 했다.

인천 SK 행복드림구장

SK 와이번스 홈구장인 인천 SK 행복드림구장에선 소풍 기분을 한껏 느낄 수 있다. 왼쪽 외야석에는 텐트를 치거나 돗자리를 깔고 앉아 야구를 관람할 수 있는 잔디밭(그린존)이 있으며, 고기를 직접 구워 먹으면서 경기를 볼 수 있는 바비큐존이 오른쪽 외야석에 마련돼 있다.

포수 바로 뒤쪽 벙커처럼 생긴 공간(라이브존)에서는 선수들의 플레이를 가장 가까이에서 지켜볼 수 있다. 2016시즌에 선보인 초대형 '빅보드'는 한·미·일 통틀어 야구장에 설치된 가장 큰 전광판인데 한여름에 뮤지컬 등을 상영하기도 한다.

야알못 탈출! ◆ 광주-기아 챔피언스필드 외야는 여름이면 물놀이장으로 변신한다. 야구 경기가 진행되는 동안 아이들은 물놀이를 즐길 수 있다.

이상훈,
야생마는 여전하다

대구 호텔방 공기는 무거웠다. 이상훈은 묵묵히 짐을 챙겼다. 8회까지는 하루 더 있을 수 있다고 생각했다. 하지만 9회가 '내일'을 지웠다. 잔인하고 긴 밤. 대충 짐 정리를 끝낸 뒤 밖으로 나가기 전 전화기를 들었다. "여보세요." 전화기 너머로 불과 몇 시간 전 그에게서 동점 홈런을 뽑아낸 이의 목소리가 들렸다. "승엽아, 잘 쳤다. 축하한다."

과연 누가 자신에게 비수를 꽂은 상대에게 먼저 축하 전화를 할 수 있을까? 어쩌면 '풍운의 야생마'라서 가능했을지도 모른다.

풍운아의 귀환

이상훈은 2002년 프로야구 한국시리즈 6차전, 9 대 6으로 앞선 9회말 1사 1·2루에서 이승엽(삼성)에게 동점 3점 홈런을 두들겨 맞았다. 이승엽에 이어 마해영이 LG의 바뀐 투수 최원호를 상대로 솔로포를 터뜨리며 한국시리즈는 그대로 삼성의 우승으로 끝이 났다. LG가 이겼다면 3승 3패 동률인 가운데 마지막 7차전을 치를 수 있었다.

이상훈은 말한다. "당시 내가 해야 할 것, 할 수 있는 것은 다 했고 그 이상의 능력치는 나한테 없다고 생각했다. 패자는 말이 없다고 하지만 그때 나나 팀은 진짜 최선을 다한 진정한 패자였다."

이상훈의 현역 시절, 야구 팬들은 그에게서 '다르지만 같은' 모습을 봤다. 긴 갈기머리를 휘날리며 마운드로 뛰어나갈 때는 결코 길들 수 없는 '야생마'를 떠올렸고, 일본 프로야구와 미국 마이너리그를 누비고 복귀했다가 다른 팀으로 트레이드를 당하고 갑자기 은퇴를 선언할 때는 '풍운아'를 마음속에 그렸다.

은퇴 뒤 홍대 클럽에서 기타를 연주하며 노래를 부르던 라커의 모습은 야생마나 풍운아의 연장선에 있었다. 그가 야구 지도자의 길로 들어섰을 때 적지 않은 사람들이 놀랐던 이유다. "주변을 의식하지 않고"(LG 은퇴 선수), "조직 안에 녹아들기 힘든 강한 성격을 가진"(모 구단 코치) 자유로운 영혼의 소유자인 그가 과연 많은 인내심을 요구하는 지도자로 성장할 수 있을까 하는 의구심이 있었다.

그러나 그는 사회인야구, 여자야구, 그리고 중·고등학교 인스트럭터를 거쳐 2012년 독립야구단 고양 원더스의 투수코치가 됐고 두산 베어스 2군 투수코치에 이어 2015년 말 친정 팀 LG

와 계약하며 12년 만에 다시 연을 맺었다. 2018년 말 피칭 아카데미가 폐지되면서 자진 사퇴해 LG와의 끈은 도로 끊어졌지만 '코치' 이상훈의 모습은 분명 '야생마' 시절 때와는 다른 모습이었다.

거침없던 야생마의 질주

이상훈은 한국 야구사에 한 획을 그은 불세출의 영웅이었다. 일본(1998~1999년)과 미국(2000~2001년)에서 뛴 시간을 빼면 국내 리그에서 활약한 것이 고작 6시즌 반밖에 안 됐지만 결코 지울 수 없는 강한 흔적을 남겼다.

고려대학교 4학년 때가 그 시작이었다. 이상훈은 1992년 대학야구 춘계리그 성균관대학교와의 경기에서 14타자 연속 삼진이란 대기록을 세웠다. 같은 학교를 다닌 강상수 KIA 투수코치는 "집안 사정으로 3학년까지는 방황을 진짜 많이 했다. 하지만 3학년 말부터 야구에 집중했고 그해 겨울부터는 아예 합숙소에서 살다시피 하면서 훈련에만 몰두했다"라고 그 시절의 이상훈을 전했다.

LG에 우선 지명되면서 프로에 입단한 첫해였던 1993년, 그는 시속 150km 안팎의 강속구를 앞세워 9승 9패 평균자책점 3.76의 성적을 거뒀다. 1994년에는 18승(8패, 다승 1위)을 올리면서 LG의 한국시리즈 우승에 기여했고, 1995년에는 20승(5패)

고지도 점령했다. 한국 프로야구 역사상 최초의 '토종 좌완 선발 20승 투수' 탄생이었다. 이상훈 이후 순수 선발승으로 20승을 채운 토종 투수는 2016시즌까지 나오지 않다가 2017년에 이르러 양현종(KIA 타이거즈)이 달성했다.

이상훈은 마무리 투수로 전환한 1997년에는 47세이브포인트(10승 37세이브)를 거두며 구원왕에 올랐다. 이상훈을 빼고는 LG 전성시대를 이야기할 수 없다.

온 마음을 다한 직진 야구

LG에서 선발로 활약하던 시절, 이상훈은 "철저하게 루틴(야구 습관)을 지켰다"고 말한다. 등판 전날 고기를 안 먹는 것은 철칙이었다. 등판 다음날에는 고기 섭취로 영양을 보충한 뒤 웨이트 트레이닝과 러닝을 하고, 등판일이 가까워질수록 운동을 가볍게 하면서 음식 섭취량도 줄였다. 이러한 루틴을 지키기 위해 월요일에도 쉬어본 적이 없다.

"진짜 기계처럼 살았다"는 그는 "루틴이 깨지면 내가 아닌 것 같았다"고 했다. 선수 시절을 돌아보면 모든 과정이 '준비'였다. 혈행장애, 어깨탈골, 척추분리증 등을 앓았지만 치명적인 부상이 없었던 건 철저한 준비 때문이었다고 그는 믿는다. "감독이 나가서 던지라면 던져야 하는 게 선수 아닌가. 그렇게 하기 위해서는 늘 준비가 되어 있어야 하고 남들이 갖고 있지 않은 확실한 무기도 하나 갖고 있어야 한다. 항상 준비되어 있어야 하는 게 프로의 120퍼센트 의무 상황이다." 신념이 생기면 신념대로 움직이는 것, 그것이 그가 살아가는 방법이었다.

김성근 전 한화 감독이 기억하는 이상훈도 다르지 않다. 김 감독은 이상훈을 "자기 원칙을 갖고 사는 아이(김 감독은 모든 선수를 '아이'라고 부른다)"라고 표현한다. 김 감독과 이상훈의 인연은 김 감독이 OB 베어스(현 두산 베어스) 감독이고 이상훈이 서울고 등학교 2학년이던 시절까지 거슬러 올라간다. 이상훈이 아마추어 신분으로 OB의 겨울훈련에 참가하던 때였다. 그가 미국 마이너리그 생활을 청산하고 2002년 4월 국내로 돌아왔을 때 LG 사령탑도 김성근 감독이었다.

김 감독은 "이상훈이 LG에 처음 복귀했을 때 '긴 머리 하나만 봐달라'고 했다. 아무리 힘들어도 불만이 없었고 한번 약속한 것은 절대 어기지 않았다"고 복기했다. 김 감독에게 이상훈은 "미안할 정도로 열심히 던지는" 마무리 투수이기도 했다. 당시 LG 투수코치였던 양상문 롯데 감독도 같은 얘길 한다. 그는 "감독이나 코치 입장에서 이상훈은 편한 선수였다. 2~3경기 연투해서 피곤하다고 느낄 때도 있을 텐데 '괜찮냐'고 물어보면 늘 '피곤하냐고 묻지 마세요. 저는 준비해서 던지라고 하면 던지고, 하루 쉬라고 하면 쉬고 던집니다'라고 답했다. 자신에게 주어진 역할이나 책임은 충실하게 이행하는 친구였다"고 말한다.

팀 후배들이 기억하는 이상훈은 "자신의 투구에 변명이나 평계를 대지 않고 팀플레이를 제일 먼저 강조하는 선배"였다. 이상훈은 2003년 LG 창단 최초로 투수 신분으로 팀 주장이 되기도 했다. 한 LG 은퇴 선수는 "팀이 지고 있는데 더그아웃이나 그라운드에서 선수들이 안 좋은 행동을 보였을 때는 경기 뒤 라커룸에 집합시켜 단체기합을 주기도 했다"고 과거를 떠올렸다. "저돌적이고 즉흥적인 면 때문에 윗사람들하고 충돌이 잦았지만 팀 동료 선수들을 위해서는 발 벗고 나서는 선배"이기도 했다. 메리트(승리 수당) 문제로 프런트와 선수단이 대립각을 세웠을 때는 '시상식과 인터뷰 거부'라는 초강수를 꺼내 들었다. 스포츠용품 업체와 후원 문제로 부딪쳤을 때는 2군 선수들을 위해 적극적으로 나서기도 했다.

   8번 타자를 상대할 때 포수가 변화구를 요구하면 불같이 화를 냈던 '폼생폼사'(폼에 살고 폼에 죽는)의 직진 야구 인생. 그는 누구보다 야구를 진실로 대했다. 2004년 초 라커룸 기타 연주로 촉발된 이순철 당시 LG 감독과의 마찰로 SK로 트레이드되고 몇 개월 뒤 곧바로 은퇴 선언을 한 것도 이 때문이었다.

   그는 "LG를 상대로 3~4경기 던졌을까. 스트라이프 유니폼을 입은 타자들을 상대로 공을 던지는데 마음 자세가 프로야구 선수가 아니었다. 마음을 가다듬고 한 해를 넘겨 또 LG와 마주했을 때는 그런 기분이 무뎌졌을 수도 있지만 이 순간을 넘기기 위해 1년을 나 자신을 속이면서 야구를 한다는 것 자체가 진짜 창피했다"라고 말한다.

'진짜 잘 노는' 야구를 위해

그에게 야구란 "공을 갖고 노는 것"이다. "진짜 잘 노는 것" 말이다. 그렇다면 코칭은? "선수가 공을 갖고 잘 놀게 해주는 것"이란다. "야구 선수가 진정으로 공을 잘 갖고 놀기 위해서는 이루 말할 수 없는 시간과 노력이 필요하다. 그래야 이길 수 있고, 지더라도 배우면서 성취하는 게 있다. 그런 면에서 야구는 연극이나 공연 같은 행위예술일 수도 있다. 몰입했을 때 좋은 결과가 나오고 또 관중도 감격하지 않는가?" 그가 음악을 하는 것도 어쩌면 순간의 몰입이 주는 쾌감 때문일 것이다.

지도자 생활 가운데 여자야구팀 코치 경험(2011년)은 이상훈에게 더 넓은 시야를 안겨줬다. 그는 "이론이 아닌 행위에서 그들의 순수함을 느꼈고, 돈과 명예가 다가 아닌 '진짜 열정'을 배웠다"고 말한다. 처음에는 "왜 늘 같은 짝하고만 캐치볼을 하는지", "한 타석만 나가고 왜 경기에서 빠지려고 하는지" 도통 이해가 안 됐지만, 시간이 지나자 그들 또한 다른 식의 야구를 하고 있단 걸 깨닫게 됐다고 한다.

어렸을 때부터 남자들과 운동하면서 예상 가능한 야구만 하다가 사회인야구, 아마추어야구를 거쳐 여자야구를 가르치다 보니 예상 외의 것이 튀어나왔다. 일본과 미국 야구를 경험하면서 섬세하고 굵은 야구를 다 겪어봤다고 생각했는데 굉장히 의외인 상황이 많았다. 그때 야구든 사람이든 깊이 봐야 한다는 것을 깨달았다. 선수를 내 그림 안에 넣어선 안 된다는 것도 알았다.

그는 분명 선수 때와는 결이 달라졌다. 코치로 이상훈을 1년 간 지켜봤던 김태형 두산 감독은 "캠프 때 봤는데 어린 선수들과 말도 잘 통하고 마음도 잘 헤아려주는 것 같았다"고 했다. 김성근 감독은 "(거칠었던) 예전보다 둥글둥글해졌다"고 말하기도 했다.

LG 피칭 아카데미 원장 시절 이상훈은 이런 말을 했다. "코칭은 선수를 만드는 게 아니라 선수와 같이하는 것"이고 "코치는 선수의 마음을 읽을 줄 알아야 한다"라고. 그리고 "보석보다는 비바람이 몰아쳐도 파도가 거세도 꿋꿋하게 제자리를 지키는 바위를 만들고 싶다"는 바람도 말했다.

현역 시절 공을 갖고 진짜 잘 놀았고, 코치가 되어서는 후배들이 공을 갖고 잘 놀게 해주고 싶었던 이상훈이다. 마운드에서 홈 플레이트까지 거리, '18.44'를 항상 모자에 새겼던 그의 야구는 어디서나 계속될 것이다.

알쓸재야 15가지
알아두면 쓸모 있고 재미난 야구 상식

구속된 프로야구 감독

1983년 6월 1일 잠실 MBC전에서 김진영 삼미 슈퍼스타즈 감독이 심판 판정에 불복해 심판장에게 발차기를 날렸다가 다음날 구속됐다. 해당 장면이 텔레비전으로 중계됐고 '사회 정화'라는 명목으로 판사는 구속영장을 발부했다. 김 감독은 구속 10일째 벌금 100만 원을 내고 약식기소로 석방됐다. 김응용 해태 감독도 1983년 6월 14일 대전 OB전에서 심판 판정에 앙심을 품고 심판실 문을 발로 차고 들어가 김옥경 구심을 구타해 경찰에 입건됐다. KBO 사무총장의 중재로 김 감독은 그날 밤늦게 풀려났다.

관중 수입은 누구의 것?

입장 수입은 프로 원년에는 전체 입장 수입을 6개 팀이 나눠 갖는 공동분배 형식이었다. 1983년 일정액을 공동분배하고 그 외는 홈구단이 갖는 것으로 했다가 1984년에는 공동분배 60퍼센트, 홈구단 24퍼센트, 원정구단이 16퍼센트를 갖는 것으로 바뀌었다. 점점 공동분배 액수가 줄어들다가 1986년에는 운동장 사용료를 공제 후 홈구단과 원정구단이 55 대 45로 분배했다. 1988년부터 1992년까지는 홈구단이 70퍼센트, 원정구단이 30퍼센트를 나눠 갖다가 1993년부터 지금까지 홈구단 72퍼센트, 원정구단 28퍼센트로 유지되고 있다.

가장 빠른 사나이

2016년 메이저리그 기준으로 타자가 홈플레이트에서 1루까지 가는 데(번트 제외) 우타자는 평균 4.62초, 좌타자는 4.58초가 걸렸다. 1루까지 가장 빨리 간 우타자는 바이런 벅스턴(3.72초), 좌타자는 빌리 해밀턴(3.61초)이었다. 해밀턴은 홈에서 2루까지 5.24초, 홈에서 3루까지는 10.45초에 주파한 적이 있다. 홈에서 홈으로 돌아오는 인사이드더파크홈런 때는 14.05초밖에 걸리지 않았다. 이는 메이저리그 평균보다 2초 빠른 속도였다. 참고로 베이스와 베이스 사이 거리는 90피트, 27.43m이다.

'총알을 던진 사나이' 밥 펠러

기네스북에 등재된 메이저리그 최고 구속은 2010년 아롤디스 채프먼(신시내티 레즈)이 샌디에이고 파드리스전에서 기록한 105.1마일(169.1km)이다. 하지만 메이저리그에선 밥 펠러(클리블랜드 인디언스)가 1946년 던진 107.9마일(173.6km)의 공을 최고 구속으로 평가하기도 한다. 펠러는 17세 나이에 계약금 1달러를 받고 클리블랜드에 입단해 통산 266승 162패, 평균자책점 3.25를 기록했다. 그는 야구 인생 최전성기에 일본군이 진주만을 공격하자 자원입대해 4년 동안 최전방에서 대공포 사수로 싸웠다. 메이저리그의 인종 차별에 반대하는 목소리를 내기도 했다.

잠깐! KBO리그 최고 구속은 2012년 9월 24일 LG 레다메스 리즈가 SK 타자를 상대로 던진 162km다(스포츠투아이 집계).

개척자, 토니 스톤

남자들만의 리그로 인식되는 프로리그에 여성이 없던 것은 아니다. 토니 스톤(1921~1996)은 흑백 갈등으로 흑인들이 메이저리그에 뛸 수 없게 되자 대체 리그로 만든 니그로리그에서 활약했던 최초의 여성 선수 3명 중 한 사람이었다. 1949년 프로에 데뷔해 1954년까지 뛰었다. 남성 선수들은 스톤을 못마땅하게 여겨 스톤이 지키는 2루로 도루해 들어갈 때 발을 높게 쳐들기도 했다. 그때 스파이크에 찍힌 상처로 스톤의 왼쪽 손목에는 흉터가 남았다. 동료들과 라커룸을 함께 쓸 수 없었고, 흥행을 위해 치마를 입고 경기에 나가라는 요구를 받았지만 거부했다. 스톤은 자신을 싫어하는 이들 옆에서 긴 시간 벤치를 지켜야 했다. 야구학자들은 스톤을 '여성 재키 로빈슨'이라고 칭한다.

25이닝 8시간 6분의 혈투

무승부가 없는 메이저리그에서 기록된 최장시간 경기는 1984년 5월 9일 시카고 화이트삭스와 밀워키 브루어스의 혈전이다. 8시간 6분 동안 25이닝이 이어진 끝에 화이트삭스가 7 대 6으로 승리했다. 최단시간 경기는 1919년 9월 28일 열린 뉴욕 자이언츠와 필라데리아 필리스의 경기로 단 51분 만에 경기가 끝났다. 6 대

1로 뉴욕 자이언츠가 이겼다. KBO리그 최장시간 경기는 2009년 5월 21일 연장 12회 동안 5시간 58분을 싸우고도 무승부(13 대 13)를 기록한 LG와 KIA의 경기 (무등경기장)였다. KBO리그는 현재 정규리그 12회, 포스트시즌 15회까지만 연장이 진행된다.

불난 집이 잘 된다?

1986년 10월 22일 한국시리즈 3차전 직후, 대구 시민야구장 구내주차장에 있던 해태 타이거즈 구단 버스가 불에 타 전소됐다. 역전패를 당한 데 화가 난 삼성 라이온스 팬들이 경기장에 오물을 던진 것에 그치지 않고 차에 불까지 지른 것이다. 다행히 인명피해는 없었고, 구단은 험한 일을 당했지만 '불난 집이 잘 된다'며 마음을 다스렸다고 한다. 우연인지 필연인지 해태는 1986년부터 1989년까지 4년 연속 한국시리즈에서 우승하며 '해태 왕조'를 만들었다.

잠깐! 외야에서 날아드는 오물 가운데 선수들의 기분을 가장 나쁘게 한 것은 마시다 만 맥주 캔이었다고 한다. 지금은 구장 내 캔맥주 반입이 금지돼 있다.

흙 묻은 공

메이저리그 공인구는 일본, 한국과 다르다. 경기 시작도 전에 흙이 묻어 있다. 홈 구장 담당 직원이 '러빙 머드'라는 특별한 진흙을 바른 공을 심판에게 건네면 심판은 공 상태를 확인해 경기에 사용한다. 공에 진흙을 바르는 이유는 미끄럼을 방지하고 표면의 광택을 제거하기 위함이다. 러빙 머드는 뉴저지 남부 델라웨어 강에서 채취되는데 구체적인 장소는 비밀에 붙여져 있다.

잠깐! 프로 1경기당 사용되는 공의 개수는 평균 120개 정도다.

홈런 치고 홈플레이트 안 밟으면?

2018년 두산과 SK의 한국시리즈 5차전 7회에서 '누의 공과'(밟아야 할 누를 밟지 않고 지나치는 것) 의혹이 있었다. SK 김성현이 2루타를 치고 3루로 가던 중 2루 베이스를 밟지 않았다는 것이었다. 하지만 '누의 공과'는 상대 팀(수비 측)의 어필에 의해 아웃이 적용된다. 두산은 이를 간과했고, 김성현은 3루 주자로 남았다. 역대 기록을 살펴보면 홈런 뒤 기쁜 마음에 홈플레이트를 밟지 않았다가 3루타로만 인정된 경우도 두 차례 있었다. 1999년 송지만(한화)과 2003년 이지 알칸트라(LG)가 누의 공과로 홈런 1개를 손해 봤다.

선발투수 예고제

1980년대만 해도 프로야구에는 선발투수를 경기 하루 전에 밝히는 선발 예고제가 없었다. 1989년 OB 사령탑이던 이광환 감독이 주장하면서 논의가 시작됐고, 1994시즌 롯데 김용희 감독이 적극적으로 찬성하면서 선발 예고제가 6개 구단(2개 구단 제외)으로 확대됐다. 선발투수가 좋지 않으면 관중 동원에 악영향을 미친다는 부정적인 시각도 있었지만 투수 분업화가 정착되면서 1998시즌에 이르러 감독자회의 합의로 전면 실시되기 시작했다. 선발투수 예고제는 상대 타순을 교란시키려 악용되기도 해서 '위장 선발' 등의 얘기가 심심찮게 나온다.

원정 유니폼이 흰색이 아닌 이유

한 팀의 모든 선수는 같은 색깔, 형태, 디자인의 유니폼을 입어야 하고 같은 색깔의 언더셔츠를 착용해야 한다. 유니폼의 어떤 부분에도 야구공이나 야구공을 연상시키는 모양이 있어서는 안 된다. 홈경기용으로는 흰색 또는 유색, 원정경기용으로는 유색 유니폼을 별도로 준비해야 한다. 즉, 원정 팀은 흰색 유니폼을 입을 수가 없다. 유래는 1800년대로 거슬러 올라간다. 원정팀은 경기 후 유니폼을 빨 시간적, 공간적 여유가 없어서 흙먼지 등을 최대한 감출 수 있는 유색 유니폼을 입었다고 한다. 강요가 아닌 자발적 선택이었던 셈이다.

필요 타석 미달의 타격왕

타율상, 장타율 및 출루율상은 필요 타석 수(경기 수×3.1, 퓨처스리그는 경기 수×2.7)를 충족해야 한다. KBO리그(144경기) 필요 타석 수는 446타석이다. 그런데 예외 조항이 있다. 필요 타석 수를 채우지 못한 타자가 그 부족분을 타수로 가산하고도 최고의 타율, 장타율 및 출루율을 나타냈을 경우에는 해당 타자에게 상을 수여하는 것이다. KBO리그와 같은 규칙이 있는 메이저리그에서 1996년 토니 그윈이 그랬다. 당시 그윈의 타율은 0.353이었는데, 필요 타석(502타석)에 4타석(498타석)이 모자랐다. 필요 타석을 채운 선수 중에는 엘리스 벅스가 0.344로 1위였다. 필요 타석 부족분을 범타로 반영했을 때 그윈의 타율은 0.349로 벅스를 앞섰다. 예외 조항에 따라 그윈은 메이저리그 사상 최초로 필요 타석 미달의 타격왕이 됐다.

'승리의 사나이' 오봉옥

제주도 출신으로 '돌하르방'으로 불렸던 삼성 라이온스 오봉옥은 1992년 13연승 무패의 기록으로 데뷔 해를 마쳤다. 승률 100퍼센트다. 평균자책점이 3.55로 꽤 높은 편이었지만 승운이 찰떡같이 따랐다. 뒤지고 있을 때 등판하면 팀이 역전을 시켜 승리 투수로 만들어줬고 점수를 꽤 내주고서 강판되면 팀이 점수를 내서 패전 투수의 위기에서 벗어나게 했다. 오봉옥의 데뷔 첫 13연승은 KBO리그 최다기록이기도 하다. 2018년 두산 베어스의 외국인 선수 세스 후랭코프가 26년 만에 타이기록을 세웠다.

삼진 표기, K의 유래

스트라이크 아웃은 왜 'K'라고 표기할까? 'K'는 흔히 '야구의 아버지'로 불리는 영국 출신의 스포츠 기자 헨리 채드윅이 탄생시켰다. 채드윅은 크리켓 스코어카드를 참고해 야구 박스 스코어를 가장 먼저 개발한 기자인데, '삼진 당하다(struck out)'에서 'struck'의 마지막 글자를 따왔다고 한다. 그는 타율이나 평균자책점 등 통계도 고안했다고 전해진다.

세이버메트릭스의 시대

빌 제임스가 창시한 SABR(The Society for American Baseball Research: 미국야구연구협회)라는 모임에서 만들어진, 야구를 통계학적, 수학적으로 분석하는 방법론이다. 오클랜드 애슬레틱스 단장 빌리 빈의 이야기를 담은 책 《머니볼》(후에 브래드 피트 주연 영화로도 만들어졌다)에도 세이버메트릭스 이론이 잘 설명돼 있다. 빅데이터 구축이 용이해진 1990년대 이후 야구계 전반에 영향을 미치고 있다. 가장 기본적으로 통용되는 것이 WAR(대체 선수 승리 기여도), WHIP(이닝당 출루 허용률), BABIP(삼진과 홈런을 제외한 인플레이 타구의 안타 확률) 등이다. WAR 숫자가 높으면 대체 불가한 선수로 인식된다.

참고문헌

국내
《야구 교과서》, 잭 햄플 지음, 문은실 옮김, 2018, 보누스
《야구 룰 교과서》, 댄 포모사, 폴 햄버거 지음, 문은실 옮김, 2018, 보누스
《야구란 무엇인가》, 레너드 코페트 지음, 이종남 옮김, 2009, 황금가지
《야구의 역사》, 조지 벡시 지음, 노지양 옮김, 2007, 을유문화사
《커쇼의 어라이즈》, 클레이튼 커쇼 지음, 배충효 옮김, 2013, W미디어
《한국야구사》, 대한야구협회, 1999

국외
PITCHING, Pat Jordan, 1993, Sports Illustrated
THE CUBS WAY, Tom Verducci, 2017, Crown/Archetype

야구가 뭐라고

© 김양희 2019

초판 1쇄 발행 2019년 3월 20일
초판 2쇄 발행 2019년 5월 20일

지은이 김양희
발행인 이상훈
편집인 김수영
본부장 정진항
기획편집 허유진 오혜영 김단희
마케팅 조재성 천용호 박신영 조은별 노유리
경영지원 이해돈 정혜진 이송이
펴낸곳 한겨레출판(주) www.hanibook.co.kr
등록 2006년 1월 4일 제313-2006-00003호
주소 서울시 마포구 창전로 70 (신수동) 화수목빌딩 5층
전화 02)6383-1602~3 **팩스** 02)6383-1610
대표메일 book@hanibook.co.kr

ISBN 979-11-6040-235-3 13690